DOMINIKANISCHE REPUBLIK

Coverbild: Isla saona

Frontispiz: Karibische Postkartenidylle: Die feinsandigen Strände der Bernsteinküste zeichnen sich durch kräftige Farbtöne aus. Langgeschwungene Buchten, schattenspendende Palmen, erfrischende Meeresprisen – die Küstenstriche im Norden wecken Begehrlichkeiten vieler Urlaubshungriger.

© KOMET Verlag GmbH, Köln
www.komet-verlag.de
Gesamtherstellung: KOMET Verlag GmbH, Köln
Produktion: Feierabend Unique Books, Köln
Coverdesign: artwork-factory.com
Printed in China

ISBN 978-3-89836-804-9

GEORG RIEDER

DOMINIKANISCHE REPUBLIK

Einleitung

„Das schönste Land, das Menschen je sahen!", notierte Entdecker Kolumbus einst; und heute ist die Dominikanische Republik – von Atlantik und dem karibischen Meer umtost – die Perle der europäischen Reisebranche. In den rund 500 Jahren seit Entdeckung der „westindischen Insel", die Kolumbus Hispaniola taufte, tat sich viel: 1492 errichtete er am Cap Haïtien die provisorische Festung La Navidad. Sein Bruder Bartolomeo gründete fünf Jahre später an der Südküste das quirlige Santo Domingo, die älteste Stadt der Neuen Welt. Ende des 17. Jahrhunderts wurde Hispaniola in zwei kolonialistische Einflussgebiete aufgeteilt: Der Westen ging an Frankreich und erlebte durch Sklavenhandel und Zuckerrohranbau einen Aufschwung; der Osten blieb spanisch und verarmte. Am 27. Februar 1844 – der wichtigste Nationalfeiertag in der Dominikanischen Republik – besetzten Mitglieder eines Geheimbundes Santo Domingo und erklärten die Unabhängigkeit des Landes. Mit wenigen Ausnahmen demokratischer Regierungen herrschten viele Jahre vor allem Diktatoren und Despoten über die Inselrepublik. Heute lenkt der demokratisch gewählte Präsident Leonel Fernández die Geschicke des Landes.

Die Dominikanische Republik, nach Kuba der zweitgrößte Karibikstaat, ist sich aller Vorzüge einer faszinierenden Ferieninsel bewusst und nicht umsonst die beliebteste Karibikinsel: Das Land verfügt über eine abwechslungsreiche tropische Gebirgslandschaft. Das Inselrelief wird bestimmt von der Cordillera Central, auch „tropische Alpen" genannt. In dieser Zentralkordillere erhebt sich der Pico Duarte, mit 3.175 m der höchste Gipfel des gesamten Karibikraums. Das ausgedehnte Cibao-Tal im Norden ist das wirtschaftlich bedeutendste aller dominikanischen Täler und gilt gemeinhin als Kornkammer des Landes. Die Nord- und Südküstenebenen, aber auch der urwüchsige Osten der Insel sind die touristischen Hauptziele der karibischen Traumdestination. Die Dominikanische Republik

– jene „Insel der Gegensätze" – zeichnet sich tatsächlich durch Superlative aus. Denn auch der tiefste Punkt des gesamten Karibikraums findet sich auf dominikanischem Territorium: Der Binnensee Lago Enriquillo liegt 44 m unter dem Meeresspiegel.

In der Dominikanischen Republik herrscht ein tropisches Klima mit recht geringen jahreszeitlichen Temperaturschwankungen und wenig Niederschlägen (Regenzeit: Mai und August). Die Jahreszeit, über die keiner spricht, aber alle fürchten ist der Herbst: Hurrikane treten – wenn überhaupt – von September bis November auf. Fernwehgeplagte auf der Suche nach paradiesischen Landschaften, türkisblauer See, malerischen Sonnenuntergängen, entspannter Abgeschiedenheit und großen Abenteuern kommen zur Hauptsaison ins Land. Die beste Reisezeit umfasst die niederschlagsarmen Wintermonate mit geringer Luftfeuchtigkeit von November/Dezember bis März/April. Das Meerwasser hat freilich ganzjährig Badewannentemperatur. Die Passatwinde bringen den Regen, besonders an den Gebirgshängen der Nord- und Zentralkordillere. Auf der Halbinsel Samaná sorgen sie für üppige, immergrüne Wälder. Wohingegen in den fast wüstenähnlichen Tieflandgebieten des Südens sogar Savannengräser gedeihen.

Politisch unterteilt ist die Präsidialrepublik in 30 Provinzen und den Hauptstadtdistrikt um Santo Domingo; Hauptwirtschaftszweige sind die Landwirtschaft, die Industrie und der Dienstleistungssektor. Wichtigste Einnahmequelle ist aber der Tourismus, der sich seit den späten achtziger Jahren im Zeichen des Pauschalprinzips massiv Bahn brach. Die paradiesischen Küsten locken jedes Jahr ca. 250.000 Deutsche an; insgesamt machen in der Dominikanischen Republik jährlich rund 2,5 Mio. Menschen Urlaub. Vibrierende Hauptstadt des Inselstaats ist Santo Domingo, eine typisch lateinamerikanische Metropole. In der wuseligen Weltstadt leben heute rund drei von insgesamt ca. 9,2 Millionen Dominikanern, die nicht mit den Dominicanern zu verwechseln sind, den Bewohnern der Insel Dominica. Elf Prozent der Dominikaner sind Schwarze: Nachfahren verschleppter Sklaven; rund 16 Prozent sind Weiße: Nachkömmlinge einstiger Kolonialherren; etwa 73 Prozent der Dominikaner gelten als Mulatten. Dominikaner sind stolz darauf, die Rassendiskriminierung – zumindest auf dem Papier – überwunden zu haben. In der Realität ist schwarzes Selbstbewusstsein immer noch sehr selten anzutreffen. So wundert es kaum, dass die Mulatten großen Wert auf ihre weiße Abstammung legen. Trotz aller ethnischer und immer mehr auch sozialer Unterschiede gilt eines zweifelsohne: Die katholisch geprägte Dominikanische Republik ist ein gewaltfreies Land. Ihren liebenswerten Bewohnern ist ein Leben ohne Gefahren wichtig. Gleiches wünschen sich alle ausländischen

Niemand, der seine Urlaubsreise pauschal bei einem Reiseveranstalter bucht, muss fürchten, kein Dach über dem Kopf zu haben, wenn er sein All-inclusive-Resort auf eigene Faust verlässt. Zwar wird – besonders an der Nordküste („Bernsteinküste") um Puerto Plata und Cabarete, sowie an der Ostküste („Kokosküste") um Punta Cana und Boca Chica – in den Ferienanlagen und Luxusherbergen „alles inklusive!" angeboten. Aber abseits der Pauschalhochburgen, vor den Toren der Touristenghettos, liegen die wahren Schätze und Sehenswürdigkeiten dieser „Insel der Gegensätze" verborgen – und zu ihrer Entdeckung bereit. In den meisten noch so kleinen Berg- und Fischerdörfern findet sich ein einfaches Hotel oder eine zweckmäßige Pension. Ganz allgemein sei gesagt, dass jedweder Anspruch an die eigenen Urlaubsfreuden in der Dominikanischen Republik erfüllt werden kann. Die dominikanische Infrastruktur sucht in der Karibik ihresgleichen. Den Bewohnern ist die Sicherheit ihrer Gäste so wichtig wie die eigene. Und wer nicht gerade ohne Reservierung zu Ostern, zu Weihnachten und zur Karnevalszeit in der Hauptstadt Santo Domingo nach einer Unterkunft sucht, dem wird von den freundlichen Dominikanern mit Sicherheit auch in Sachen sauberer Schlafplatz geholfen. Der Schönheit des Landes kann nur begegnen, wer außerhalb der Bettenburgen auf Spurensuche geht, denn Kultur und Geschichte dieses reizenden Inselstaates finden sich nicht innerhalb jener Mauern, die in den vergangenen zwanzig Jahren an den zahllosen Traumstränden dieser Republik hochgezogen wurden. Vielmehr schlummern Geist und Seele des Eilands in den Höhlen der verschwundenen Ureinwohner – und in den Repräsentativ- und Sakralbauten der spanischen Eroberer, deren koloniale Macht in der Karibik bis heute auch in der Dominikanischen Republik nachwirkt.

Gäste, deren Sicherheit den Dominikanern sehr am Herzen liegt. Armut und Gewalt zeichnen leider das Gesicht des westlichen Nachbarn Haiti. Mindestens 100.000 Haitianer schuften in der Dominikanischen Republik zu Hungerlöhnen – die Dunkelziffer liegt vermutlich weit höher. Die offizielle Währungseinheit ist der Dominikanische Peso, der an den US-Dollar gekoppelt ist.

Als weltoffener Besucher der Dominikanischen Republik, die die Taíno-Indianer Aíti – „bergiges Land" – nannten, wird man sich als Europäer schnell mit Sitten und Bräuchen, wie sie die Karibikbewohner pflegen, vertraut machen wollen. Zuvorkommenheit und Hilfe bei allen Fragen sind den Einheimischen eine Selbstverständlichkeit; auch wenn ein Dominikaner eine Frage, etwa die nach dem richtigen Weg, nicht zweifelsfrei beantworten kann – eine Antwort gibt er ganz gewiss! Und Vorsicht mit kritischen oder gar herabwürdigenden Bemerkungen über die heiß geliebten und stolz zelebrierten Nationalleidenschaften der Dominikaner, die Merengue-Musik und der Hahnenkampf. Besonders das bizarre Gemetzel der bemitleidenswerten Kampfhähne ist eine Herzensangelegenheit vieler dominikanischer Männer. Den dominikanischen Männern eilt der Ruf voraus, Machos zu sein. Doch fremden Frauen, die außerhalb der All-inclusive-Resorts ungestört auf Entdeckungsreise gehen möchten, begegnet der dominikanische Mann meist mit gebührendem Respekt. Und wird auch noch so leidenschaftlich gebalzt, eine höfliche und bestimmte Absage genügt in der Regel, um für Abkühlung zu sorgen.

Einige Worte zum Artenschutz: Artikel aus schwarzer Koralle sind als Souvenirs ebenso tabu wie Schildkrötenpanzer und Krokodilleder. Die Einfuhr solcher Erzeugnisse nach Europa ist streng untersagt. Sie werden vom Zoll beschlagnahmt, ebenso wie Schildpatt, Schalen von Riesenmuscheln, Gehäuse von Fechterschnecken und Korallenbruchstücke.

In diesem Sinne: ¡Bienvenidos! – „Willkommen!"

Auf Kolumbus' Spuren – im Norden von Monte Cristi bis Santa Bárbara

Karibische Schönheit: *Auf dem örtlichen Malecón, der belebten Hauptstraße Puerto Platas, ist dem aufgeschlossenen Besucher ein natürliches Lächeln gewiss.*

Als im Jahre 1492 der Weltenentdecker Christoph Kolumbus im Namen der spanischen Krone auf Hispaniola die erste europäische Siedlung der Neuen Welt errichtete, trat mit der heute als Zwei-Nationen-Staat existierenden Insel ein sprichwörtlich tropischer Paradiesgarten ins Bewusstsein der Alten Welt. Am Cap Haïtien entstand die provisorische Festung La Navidad, deren Ruinen heute im Westteil der Insel liegen – hinter der Grenze zum Nachbarstaat Haiti. Schon bald fiel dieser Ort von weltgeschichtlicher Bedeutung den Flammen zum Opfer. In der Nähe taufte Kolumbus einen weithin sichtbaren Felsen auf einen klangvollen Namen: Monte Cristi.

DER AUTHENTISCHE NORDWESTEN – MONTE CRISTI UND DAJABÓN

Eine Provinzstadt am Fuße des Felsens, leicht verschlafen, aber nicht ohne Reiz, trägt bereits seit Jahrhunderten den gleichen Namen: Monte Cristí, im Jahre 1533 von 60 Bauernfamilien gegründet, ist heute ein hervorragender Ausgangspunkt für interessante Expeditionen zu den Sehenswürdigkeiten des authentischen Nordwestens, in dem ein trockenes Klima herrscht. Vor allem der hiesige Nationalpark, der Parque Nacional Monte Cristí, lohnt einen Besuch. Die Cayos Siete Hermanos, sieben winzige Korallenatolle, zählen zum Terrain des urigen Nationalparks und liegen seeseitig an der Grenze zu Haiti. Auch die Strände der Provinz Monte Cristí sind empfehlenswerte Ausflugsziele. Gleichfalls die unzähligen Kanäle und Lagunen dieser weithin unterschätzten Region.

Buntes Markttreiben kennzeichnet die vibrierende Grenzstadt Dajabón. Hier treffen zweimal wöchentlich Vertreter der vom

Schicksal so ungleich behandelten Völker der beiden Inselnationen Hispaniolas aufeinander. Hunderte von Haitianern strömen montags wie freitags über die Grenze und verkaufen ihre Produkte auf dem Markt von Dejabón. Zwar ist das Angebot knapp, jedoch macht die Fantasie der meist haitianischen Marktfrauen die Mangelwirtschaft wett. Auf ihren bunten Tüchern, die feierlich im Straßenstaub liegen, handeln sie mit Töpfen und Pfannen, Kleidern und Schuhen aus Second-Hand-Beständen. Von dem wenigen Geld, das die Haitianer hier verdienen, versorgen sie sich noch in der Dominikanischen Republik mit dem Nötigsten: Reis, Bohnen und Bananen. Am späten Nachmittag geht es unter den gestrengen Augen der örtlichen Polizei wieder über die Grenze in die bitterarme Heimat. Die Staatsgrenze ist eine natürliche; und eine mit einem furchteinflößenden Namen: Der Massakerfluss (Río Dajabón) trennt die ungleichen Nachbarn.

Karibischer Traum Postkartenidylle von ganz besonderem Maße bietet die Cayo Levantado. Die Heimat des vielbesungenen „Bacardi-Feelings" lohnt trotz des Andrangs in jedem Fall einen Abstecher. Per Boot geht es von Santa Bárbara de Samaná hinüber auf das Eiland. Ein wahrer Garten Eden wartet auf seine Besucher, die sich hier in türkisblauem Wasser die Stunden versüßen. Sacht säuseln die Kokospalmen und wiegen sich im Wind, am Strand herrscht echtes Robinson-Crusoe-Flair. Das Savoir-vivre der Karibik bricht sich Bahn auf der Cayo Levantado – und zwar im Superlativ: Die kleine Insel in der Bucht von Samaná ist die ultimative Wahrwerdung des Sonne-Sand-und-Palmen-Traums.

Ein spanischer Soldat namens José Solano hat den Ort Dajabón am 4. Juli 1776 gegründet. Wenig später, nach der Grenzdetermination, wurde die Ortschaft zu einem entscheidenden Handelsknotenpunkt zwischen der französischen Kolonie namens Saint-Domingue und dem spanischen Santo Domingo. Heute vermittelt Dajabón – mehr als jede andere Stadt Hispaniolas – ein realistisches Bild des angespannten Verhältnisses zweier ungleicher Staaten, die sich eine Trauminsel teilen.

Im äußersten Nordwesten ist die Landschaft flach, die Luft sehr heiß und trocken. Ein Abstecher in den Parque Nacional Monte Cristí verspricht Abkühlung. Wer zu dem Archipel Siete Hermanos übersetzt, weil er Bootstouren durch Mangrovensümpfe unternehmen möchte, Krokodile, Leguane und Wasservögel beobachten will, wird dies nicht bereuen. Ansonsten gilt: Der Nordwesten ist touristisch bis auf wenige Orte (Punta Rucia, Luperón) und den Nationalpark touristisch kaum erschlossen.

DIE TURBULENTE BERNSTEINKÜSTE – HOTSPOT PUERTO PLATA

Vom Charme der Costa de Ambar – der „Bernsteinküste" – lassen sich Abertausende ausländische Gäste verführen: Zahllose Badestrände, das Surfermekka Cabarete und die Kolonialstadt Puerto

Plata sind nur drei plausible Gründe, an der Bernsteinküste Traumurlaub zu machen. Wenn nicht durch Hektik, so doch durch professionelle Betriebsamkeit zeichnen sich die längst zu Touristenmagneten ausgebauten Fischerdörfer entlang dem pittoresken Küstenstrich aus. Ob Luxusurlauber oder Pauschaltourist, die gehobenen Ansprüche an die zahllosen Traumstrände der Bernsteinküste gleichen sich: Sanfte Wellen, feiner Sand und schattenspendende Kokospalmen. In Puerto Plata, dem touristischen Drehkreuz der dominikanischen Atlantikküste, beginnen die karibischen Urlaubsträume aller Besucher der Bernsteinküste. Die Stadt war übrigens noch Mitte des letzten Jahrhunderts ein unbedeutender Fleck auf der Landkarte. Mit Beginn des Tourismusbooms konnte sie sich als Urlaubsmetropole etablieren. Städtebaulich ist sie sowieso ein Hingucker: Puerto Platas historischer Stadtkern besteht gut zur Hälfte aus verwitterten Holzhäusern im pittoresken Gingerbread-Stil. In den Gässchen rund um den zentralen Platz, den Parque de la Independencia, haben sich viele Geschäfte, Restaurants und Cafés niedergelassen. Und die Strände im Einzugsgebiet der maritimen Metropole – egal ob Playa Dorada, Playa Grande oder Playa Matancita – locken den verwöhnungsbedürftigen Urlaubsgast mit karibischer Postkartenidylle. Vielfältige Sportangebote und attraktive Freizeitmöglichkeiten werten die Küstenstriche in der Nähe von Puerto Plata um ein Weiteres auf.

CABARETE UND RÍO SAN JUAN – SURFERPARADIES UND ABENTEUER

Als Tummelplatz für Sportfreaks gilt das Örtchen Cabarete. Ein wahrhaft paradiesisches Plätzchen, das eben deshalb nicht nur bunten Vögeln samt ihrer Surfbretter ans Herz gelegt sei. Cabarete

Bernstein Feiner Schmuck aus dem versteinerten Harz des Saftes eines längst ausgestorbenen Baumes, der vor rund 50 Millionen Jahren auf der Insel wuchs, steht bei Touristen hoch im Kurs. Besonders, wenn der Bernstein einen „fossilen Einschuss" aufweist, also ein auf natürliche Weise konserviertes Tierchen oder Pflänzchen in sich trägt. Von extra ausgebildeter Expertenhand fein poliert, kommt ein solcher Einschuss toll zur Geltung, kostet aber auch entsprechend viel Geld. Fundorte des Bernsteins sind die Kalk- und Sandsteingebiete im Bergland hinter der Atlantikküste – diese wird nicht ohne Grund „Bernsteinküste" genannt. Zwar findet sich auch in anderen Ländern verschiedenfarbiger Bernstein, aber die Steine aus der Dominikanischen Republik wecken größte Begehrlichkeiten, besonders bei Sammlern. Diese sind stets auf der Suche nach dem legendären blauen Bernstein, den es nur in der Dominikanischen Republik gibt und den sie zu Höchstpreisen kaufen.

liegt keine vierzig Kilometer in östlicher Richtung von Puerto Plata entfernt. Fakt ist: Das Windsurferparadies der Dominikanischen Republik zählt zu den zehn besten Surfspots der Welt. Unweit dieses urigen Fischerdörfchens, das sich dank des kräftig blasenden Nordostpassats zum Windsurfer-Mekka mauserte und auch mit seinem lässigen Nachtleben überzeugt, sind zwei beliebte Ausflugsziele situiert: Die wildromantische Laguna Gri-Gri und die Nervenkitzel versprechende Cueva de las Golondrinas. Dazu geht es ein Stück weiter gen Osten, entlang der Autopista 5, bis in das malerische Küstennest Río San Juan, dessen windschiefe, in Pastellfarben gestrichene Holzhäuschen authentisches Karibikflair versprühen. Das Örtchen vermittelt karibischen Alltag in landschaftlich entzückender Umgebung am Ufer des gleichnamigen Flüsschens. Am Ende der Hauptstraße, der Calle Duarte, funkelt ein Karstsee unter der Karibiksonne. Dieser See ist prädestiniert als Startpunkt einer mehrstündigen Bootsreise. Zunächst geht es durch üppige Mangrovenwälder und dann hinaus ins offene Meer. Halt machen die Boote in der Cueva de las Golondrinas, einer zehn Meter tiefen und zwölf Meter hohen Höhle, mit Stalaktiten, Stalagmiten – und Fledermäusen. Nach diesem Abenteuer in einer Welt der Wunder lohnt ein Besuch des herzerfrischenden Naturschwimmbeckens, der Laguna Gri-Gri. Die Lagune misst ca. 1 km und ist gesäumt von einer Vielzahl roter Mangroven, auf denen sich rote Krebse tummeln.

Zurück in Puerto Plata lohnt ein konzentrierter Blick in die geschichtsträchtigen Winkel dieser pulsierenden Stadt. Nach ausgiebigem Flanieren auf dem belebten Malecón – der malerischen Uferpromenade, die sich über sechs Kilometer von dem weit draußen gelegenen Long Beach im Osten bis zu der Spitze einer kleinen Halbinsel über die Altstadt zu der Fortaleza de San Felipe zieht – ist diese altehrwürdige Festung einen Besuch jederzeit wert. Die zwischen 1520 und 1585 erbauten Gemäuer trotzen seit fast einem halben Jahrtausend den Gezeiten. Sie beherbergen heute ein historisches Museum. Es gilt: alte Fotografien, Gewehre und Kanonen aus der Phase des Unabhängigkeitskrieges zu bestaunen. Weil Puerto Plata recht nahe am fruchtbaren Cibao-Tal liegt, war die Stadt einst ein bedeutender Hafen und Umschlagplatz für Kolonialgüter wie Bananen, Kaffee und Kakao. Die Festung Fortaleza de San Felipe wurde errichtet, um

Meeresspezialitäten: *An der Nordküste schmeckt der frische Fisch besonders lecker.*

An dieser Ecke Puerto Platas ist dokumentiert, dass die Hafenstadt nahe dem fruchtbaren Cibao-Tal ein Umschlagplatz für Kaffee, Bananen und Kakao ist.

Puerto Plata vor möglichen Angriffen vom Meer aus zu schützen. Die Gemäuer sollen, der Legende nach, Jahre später der berühmten Rumbrennerei Brugal als Destille gedient haben. Im Jahre 1888 gegründet, produziert die weltbekannte Brennerei heute täglich ca. 360.000 Liter Rum – wovon aber nur fünf Prozent in den Export gehen.

Vor den Toren der Stadt liegt der rund 800 m hohe Pico Isabel de Torres. Er beschert seinen Bezwingern einen herrlichen Blick ins Land. Bei guter Wetterlage streift das Auge über die Grenzen Puerto Platas hinaus und erfasst weite Teile der Bernsteinküste. Den Hausberg der Stadt erreicht man bequem. Erst geht es über die Avenida Colon, dann über die Circunvalación Sur und zum Gipfel, dessen bewaldete Hänge unter Naturschutz stehen, befördert eine in der gesamten Karibik einzigartige Seilbahn – die *teleférico*. Seit Beginn des neuen Jahrtausends ist die altertümliche Attraktion wieder für den regelmäßigen Verkehr in Betrieb. Und sollte sich in der Hochsaison die Warteschlange vor der ächzenden Seilbahn einmal als zu lang erweisen, empfiehlt sich kurzerhand ein Abstecher in den attraktiven Zentralpark, den Parque Independencia im Herzen der ca. 130.000 Einwohner zählenden Stadt. In der Mitte der gepflegten Anlage thront ein hübscher Pavillon im viktorianischen Stil. Die weiß getünchte Catedral San Felipe Apóstol, im zauberhaften Art-déco-Stil gehalten, steht an der Südseite.

LUPERÓN UND PUNTA RUCIA – SEGLERGLÜCK NEBST KÜSTENNEST

Eine interessante Tagesreise führt in westlicher Richtung aus Puerto Plata hinaus. Der Ausflug geht über Luperón bis ins familiäre Punta Rucia. Das ursprüngliche Fischerdorf Punta Rucia steht wegen seiner fantastischen Schnorchelmöglichkeiten besonders hoch im Kurs. Keine 80 Kilometer von Puerto Plata entfernt, gilt es als maritimes Dorado. Das 300-Seelen-Nest vermittelt noch immer ein unverfälschtes Bild von dem ursprünglichen Leben der Dominikaner. Farbenfrohe und von Wind in Mitleidenschaft gezogene Holzhütten umsäumen die mächtige, sichelförmige Bucht; auf dem türkisfarbenen Meerwasser wogen sanft die Fischerboote. Über allem schwebt eine relaxte Atmosphäre. Freilich ist man mit seinem Wunsch nach Ruhe selten allein. Touristengruppen und Scharen von *jejenes*, jene biestigen kleinen Stechmücken, treten hier häufiger auf. Es fällt schwer zu sagen, welches nun das größere der beiden Übel ist. Auf dem Rückweg lohnt es sich, in Luperón zu halten. Ebenfalls sanft in eine weit ins Land geschnittene Bucht gebettet, ist diese Ortschaft jedoch um einiges größer als Punta Rucia. Besonders passionierte Skipper lieben dieses Fleckchen Erde, denn in den Herbstmonaten – bei Hurrikangefahr – bietet diese Bucht willkommenen Schutz für Mensch und Material. Und dass die dominikanische Fischspezialität *pescado criollo* – Fisch auf kreolische Art – hier so lecker ist wie anderswo selten, weiß die Seglerzunft ebenso zu schätzen wie das weithin bekannte Luperón Beach Resort. Ein moderner All-inclusive-Komplex, dessen Crew keine Mühen scheut, allen Wassersport-Enthusiasten dieser Welt jedweden Wunsch von den Lippen abzulesen.

Natürlich sind es die stets kess modernen, nicht selten sehr luxuriösen All-inclusive-Resorts, die mit „allen Extras" sonnenhungrige Badeurlauber umgarnen. Dennoch: Charmante Hotels und Pensionen finden sich in jedem noch so winzigen Dörfchen im Lande. Die Frage sei an dieser Stelle kurz erlaubt: Pauschal oder individuell? Dass die Dominikanische Republik in erster Linie von ihrem Ruf profitiert, eine glänzende Pauschalreise-Destination zu sein, ist bekannt. Dass das Land längst mit einer exzellenten Infrastruktur aufwarten kann, die es erlaubt, auch auf eigene Faust zu reisen, eher weniger. Zweifellos verfügt dieser karibische Garten Eden über ausreichend gute Verkehrswege und genügend Unterkünfte: Strandhotels, Cabañas und Guesthouses gibt es überall im Land. Lediglich an Informationsstellen, an die sich der Individualreisende hier wie da wenden will, hapert es noch. Pioniergeist und einige Brocken Spanisch zur besseren Verständigung können niemals und nirgends schaden. Besonders nicht in den entlegenen Winkeln.

HALBINSEL SAMANÁ – INDIVIDUELLES PARADIES
Entlegen sieht sie zwar aus – auf der Landkarte. Aber im Bewusstsein eines jeden, der auf die Dominikanische Republik als Reiseziel schwört, erstreckt sie sich schon lange: Die Península de Samaná. Endlose palmengesäumte Strände bei Las Terrenas und Las Galeras, rauschende Wasserfälle in Limón und die weißsandigen Traumstrände auf der „Bacardi-Insel": Viele Reiseprospek-

Gingerbread-Häuser In ihrer süßen Verspieltheit erinnern sie tatsächlich an Lebkuchenhäuschen: Die für die Karibik so typische Gingerbread-Architektur (engl. gingerbread = Lebkuchen) verzückt das Auge besonders durch enorme Detailverliebtheit: Dekorationen, Ecktürmchen, spitzwinklige Dächer und die sogenannten Witwengänge – sehr schmale Balkone, die rund um das Haus und fast bis unter das Dach reichen – sind das Markenzeichen dieser hölzernen Baukunstwerke. Vielerorts fielen sie verheerenden Hurrikanen zum Opfer und wurden durch unansehnliche Betonbauten ersetzt. Dennoch gibt es die zwischen 1880 und 1920 erbauten Holzvillen hier wie da noch zu bewundern. Die schönsten Exemplare, gottlob nie zugunsten moderner Komplexe abgerissene Bauwerke, stehen ausgerechnet hinter der Grenze zu Haiti, dem ungeliebten Nachbarn der Dominikaner. Aber auch in Puerto Plata, der reizvollen Touristenmetropole an der Costa de Ambar, besteht der historische Stadtkern gut zur Hälfte aus Gingerbread-Häusern. Jedem Betrachter aus Europa sind sie in der Regel sehr willkommene Fotomotive für das Urlaubsalbum.

te preisen die Halbinsel als Märchenlandschaft. Tatsächlich geizt das Erdenparadies im Nordosten nicht mit Attraktionen: sanft geschwungene, saftgrüne Hügel und scheinbar undurchdringliche Palmenhaine, sagenumwobene Orchideen und fantasievoll bepinselte Holzhäuschen kennzeichnen Samaná. Veredelt wird dieser prachtvolle Mix fürs Auge von Flüssen und Wasserfällen inmitten üppiger Tropenvegetation. Besonders die Nordküste der Halbinsel Samaná wird von der Tourismusbranche in poetischen Worten besungen. Weiß und fein wie Vanillepulver der Sand, das Meer warm und postkartenblau. Auf Samaná zeigt der Planet Erde eines seiner schönsten Gesichter. Samaná wirkt friedlich, verkörpert Abgeschiedenheit. Besonders Individualurlauber kommen hierher. Aber Pläne für neue Megahotels an dieser exponierten Stelle gibt es schon. Das beschaulich-bunte Individualistentreiben an den Bilderbuchstränden der Nordküste der Halbinsel hat nämlich längst den Heißhunger der Reisebranchegiganten geweckt.

Samanás Gäste begeistern sich für den Nationalpark Los Haitises. Oder sie lockt zu einer bestimmten Jahreszeit eine besonders spektakuläre Naturattraktion: Zwischen Januar und März tummeln sich gebärende oder sich paarende Buckelwale in der Bahía de Samaná. Die riesigen Meeressäuger ziehen jedes Jahr aus dem kälteren Norden in warme Gewässer, um hier für Nachwuchs zu sorgen oder ihre Jungen gesund zur Welt zu bringen. Im eisigen Nordatlantik hätten die Babywale keinerlei Überlebenschance.

Haitianisches Markttreiben Immer montags und freitags lockt in Dajabón, der Grenzstadt zu Haiti, ein unvergessliches Erlebnis in Sachen nachbarschaftlicher Verhältnisse unter karibischer Sonne. Dann nämlich strömen Hunderte Haitianer herüber in die Dominikanische Republik, um Waren feilzubieten, die sie auf bunten Decken auf dem Boden ausbreiten. Die Straßen sind dann gesäumt von den Dingen, die die Haitianer zuvor in schweren Säcken und verbeulten Kartons mühevoll über die natürliche Grenze, den Massakerfluss, geschleppt oder auf dem Kopf balanciert haben. Obst und Gemüse, so weit das Auge reicht, aber besonders Berge von gebrauchten Kleidungsstücken, durch die sich die Menschen wühlen – und feilschen, feilschen, feilschen. Sich auf die Jagd nach Souvenirs zu machen, ist fast ein Ding der Unmöglichkeit, denn kaum jemand hier hegt Begehrlichkeiten nach haitianischer Kunst. Das Angebot ist dementsprechend. Schade eigentlich, denn haitianische Kunst gilt im Karibikraum als einzigartig, und ästhetisch ist sie äußerst anspruchsvoll. Dennoch sei all jenen ein Besuch des haitianischen Marktes empfohlen, die sich ein unverfälschtes Bild über das Miteinander der beiden ungleichen Inselnachbarn machen wollen.

Die Bahía de Samaná, so heißt es, erfüllt die allzu menschlichen Träume vom Garten Eden – den Elterntieren der Buckelwale und ihrem Nachwuchs scheint es mit den Wünschen nicht anders zu gehen.

Dörfliches Idyll: Nach Sánchez kommt, wer kulinarische Köstlichkeiten schätzt – Meeresfrüchte werden hier besonders frisch zubereitet.

SÁNCHEZ UND LAS TERRENAS – STEIL HINAUF INS GRÜNE GLÜCK

Das etwas in Vergessenheit geratene Städtchen Sánchez dient zwar den meisten Reisenden lediglich als Durchgangsstation zum Herzen der Halbinsel, aber kulinarische Genüsse, wie es sie hier zu probieren gilt, sind selten. Die örtlichen Krabben und Langusten schmecken einfach himmlisch.

Es geht auf Exkursion in den größten zusammenhängenden Kokospalmenwald auf Hispaniola. Die gesamte Halbinsel, deren Hauptstadt das schmucke Santa Bárbara de Samaná ist, ließe sich auch an nur einem Tag erkunden. Doch mehr Zeit verspricht ein Plus an Paradies. Eine steile Serpentinenstraße weist den Weg nach Norden, in die mehr als 400 m hohe Hügellandschaft. Unterwegs, auf dem Naranjita, dem höchsten Punkt auf dieser Abenteuerreise, an deren Ziel die Ortschaft Las Terrenas wartet, belohnt ein fantastischer Ausblick. Das Auge schweift weit über Palmenwälder und sattgrüne Wiesenlandschaften, erblickt die nördliche Atlantikküste und dort drei winzige Atolle, die Las Ballenas („die Wale"). Ihren Namen bekamen sie wegen ihrer Form: Sie erinnern an aus dem Meer ragende Walrücken. Ein paar Serpentinenkurven später begrüßt auch schon das Ortsschild von Las Terrenas den Besucher. Entlang der Calle Principal, der Hauptschlagader des fantastischen Fleckchens Erde, stehen heute kleine Shops und Kneipen, Restaurants und Wechselstuben. Der Urlaubsgast soll verweilen. Dass er dies seit geraumer Zeit sehr gerne tut, veranschaulichen die aus dem Boden sprießenden Hotels. Dennoch: Wem der Trubel an der Bernsteinküste nicht behagt, wem die völlige Ruhe des Südwestens ebenso wenig zusagt, der ist in Las Terrenas bestens aufgehoben. Trubel und Ruhe halten sich hier die Waage. Das Motto mag lauten: Morgens schnorcheln, tagsüber relaxen und nachts die Feste in den Diskos feiern.

Dominikanische Republik: Folklore, Strand und Musik – der karibische Traum

PUNTA BONITA – GAUMENFREUDEN BEIM FRANZÖSISCHEN MEISTERKOCH

Auch ein Ausflug nach Punta Bonita lohnt sich wieder. War noch vor wenigen Jahren die Straße dorthin in einem erbarmungswürdigen Zustand, so ist die Anfahrt zu dieser Oase der Ruhe heute gar kein Problem. Und genau genommen geht es immer der Nase nach. Denn hier hat sich ein Kochkünstler niedergelassen, der früher Leibkoch des französischen Präsidenten François Mitterrand war. Heute sucht sich der Küchenvirtuose – der als bester Koch der ganzen Dominikanischen Republik gilt – jeden Morgen an den Stränden dieser Gegend die prächtigsten Zutaten für seine abendlichen Menüs aus: frischer Thunfisch, köstliche Doraden und andere leckere Meeresfrüchte. Freilich ist des Meisters Kunst abhängig davon, was die Fischer dem Atlantik in den frühen Morgenstunden abtrotzen konnten. Der Chef de Cousine betreibt sein kleines, verträumtes Hotel Atlantis seit nunmehr elf Jahren. In Frankreich hat er mit den ganz Großen gekocht. Dann ließ ihn der Wunsch nach mehr Zeit für seine Familie das Land verlassen. Er wollte Leben und Arbeiten an einem Ort – an einem paradiesischen Ort. Die Traumgegend um Las Terrenas war da eine nur zu verständliche Wahl. Hier zaubert der karibische Starkoch nun aus lokalen Zutaten französische Haute Cuisine, missioniert beharrlich die Geschmacksnerven seiner Freunde auf der Insel und beglückt mit seinen Geschmacksexplosionen die Gaumen der ausländischen Urlaubsgäste.

EL LIMÓN UND SANTA BÁRBARA – NATURBAD UND MONDÄNE METROPOLE

Im Herzen der Halbinsel erwartet den Besucher eine sagenhaft sanfte Hügellandschaft. Von Las Terrenas aus geht es gen Osten, auf einer gut geteerten Landstraße. Es sind nur wenige Kilometer, bis man die kuschelige Ferienanlage El Portillo erreicht. Von hier aus zweigt eine Straße ab. Nahe der Kreuzung, in der Casa Berca, isst man zünftige kreolische Speisen. Im Anschluss geht es auf Dschungelsafari auf den Rücken kleiner Pferde und Mulis. Ein Guide lässt sich für einige Pesos engagieren, um den rechten Weg durchs Dschungeldickicht zu finden. Es geht hinauf auf ländlichen Pfaden zum märchenhaften Naturpool El Limón. Am Ende des rund einstündigen Ausritts über Stock und Stein wartet Erfrischung pur. Das Wasser fällt etwa 40 Meter tief in ein steiniges Becken. Die Fotoausrüstung also nicht vergessen, diese aber vor Feuchtigkeit schützen. Später geht es weiter in die heimliche Hauptstadt der Halbinsel: Santa Bárbara de Samaná. „Mondäne Beschaulichkeit" umschreibt die Atmosphäre des Hafenstädtchens recht treffend. Jachten aus aller Herren Länder ankern vor Ort. Ein Ort im Übrigen, der sich ansehnlich zwischen zwei Hügeln an das Meeresufer der Bahía de Samaná schmiegt.

Die Geschichte der Halbinsel Samaná, deren Hauptstadt Santa Bárbara ist, ist schnell erzählt: 1493 erreichte Kolumbus mit seinen Schiffen die Bucht und wurde alles andere als freundlich empfangen; Pfeile flogen dem Entdecker und seinen Männern entgegen, abgefeuert von den hier heimischen Eingeborenen, den Ciguayo-

Walbeobachtung Die Halbinsel Samaná eignet sich hervorragend zur Beobachtung von Walen, wenn diese in den Wintermonaten in die gut geschützte Bucht kommen, um sich zu paaren oder ihre Jungen zu gebären. Bis in die Nähe der Küsten wagen sich die riesigen Meeressäuger in der Bucht von Samaná. Zwar kommen die Wale wegen des warmen dominikanischen Wassers, aber ein nicht geringer Teil des Spektakels spielt sich oberhalb der Wasseroberfläche ab. Die Walbullen versuchen, den Weibchen mit mächtigen Luftsprüngen zu imponieren, und lassen sich klatschend auf den Rücken fallen. Spezielle Ausflüge zum „Whale Watching" werden besonders in den warmen Gewässern des Banco de la Plata („Silberbank"), rund 100 km nördlich vor Puerto Plata, angeboten. Dort lässt sich aus einem speziellen Walbeobachtungsboot heraus das spektakuläre Paarungsverhalten der Buckelwale aus nächster Nähe beobachten. Wem das zu viel und vielleicht auch zu intim ist, der möge in der Bucht von Samaná bleiben. Denn dort genügt ein einfaches Fernglas, um die Meeresriesen sehr gut vom Ufer aus zu erkennen.

Gotteshaus: Im Zentrum Santa Bárbaras steht diese hübsche kleine Kirche.

Indianern. Kolumbus taufte die Bucht kurzerhand Golfo de las Flechas, „Golf der Pfeile". Als schließlich die Indianer, wie überall auf der Insel, nahezu ausgerottet waren, geriet dieses Stückchen Traumlandschaft in Vergessenheit. Mitte des 18. Jahrhunderts erwehrten sich die Spanier hier recht erfolgreich der Übergriffe durch Piraten. Bei einem verheerenden Brand im Jahre 1946 fiel der größte Teil der Stadt den Flammen zum Opfer – kaum eines der aus Holzlatten gezimmerten Häuser widerstand dem Inferno. Heute ist der größte Teil der Bauten von Santa Bárbara de Samaná aus Beton. Nicht so schön anzusehen zwar wie die alten Holzhütten, aber gegen die schlimmen Hurrikane resistent.

BACARDI-INSEL UND ANDERE TRAUMSTRÄNDE – ZU WASSER UND ZU LAND

Eine hübsch anzusehende Fußgängerbrücke, die das Festland mit einem Eiland verbindet; der turbulente Lebensmittelmarkt am Ortseingang, auf dem um Fisch und Fleisch, Obst und Gemüse gefeilscht wird: Viel mehr als diese zwei Empfehlungen hat die heimliche Hauptstadt nicht zu bieten. Also stehen Tagesausflüge ins urwüchsige Umland an. Santa Bárbara de Samaná ist für diesen Zweck ein perfekt gelegener Ausgangsort. Tagestrips auf der Halbinsel führen zu teils spektakulären Destinationen. Etwa zur Cayo Levantado, der „Bacardi-Insel", einem wahrhaft paradiesischen Traum. Überall in Santa Bárbara de Samaná werden Törns auf die traumhafte Miniinsel angeboten. In der Hauptsaison sind die Strände der Cayo Levantado freilich voll. Eine interessante Alternative führt über den Landweg hinauf in den Nordosten – ins Lokalkolorit versprechende Kleinod Las Galeras. Die Feinschmeckerfraktion darf hier frohlocken. Es lohnt sich besonders, ein kross geröstetes Kokosbrot zu kosten. Westlich von Las Galeras liegen einige weitere karibische Traumstrände: La Playita, Playa Colorado, Playa Cabrón und vor allem die fünf Kilometer lange Playa Rincón. Weiße Strände, die man nicht unbedingt mit Horden von Touristen teilen will, locken auch östlich von Las Galeras: Playa Madame und Playa Frontón. Die Höhle der Taíno-Königin Anaconda, ganz in der Nähe, lohnt sich ebenfalls zu entdecken. Zur Inspektion dringend nötig: eine Taschenlampe.

DAHEIM IN LA ISABELA – ERSTE SIEDLUNG
DER NEUEN WELT

Ein Rückblick vor dem Weg an die Karibikküste: Als Kolumbus auf seiner zweiten Reise (1493–1496) nach Hispaniola zurückkehrte, fand er das Palisadendorf La Navidad völlig zerstört. Die zurückgelassenen knapp 50 Männer waren tot – in Gefechten mit Eingeborenen dahingemetzelt oder von Krankheiten dahingerafft. Also befahl Kolumbus den Seinen, die Segel zu hissen, starken Winden zu trotzen und gen Osten zu fahren. Mit 17 Schiffen und 1.200 Männern ging der Weltentdecker schließlich in einer Bucht vor Anker: in der Bahía de La Isabela. Hier – zwischen den wohlbekannten Orten Punta Rucia und Luperón – entstand die erste dauerhafte Siedlung in der Karibik nach europäischem Vorbild: ein wie am Reißbrett gezogenes Straßennetz mit Rathaus und Gerichtssaal. Die Ruinen von La Isabela zeugen noch heute von den mächtigen Festungswällen und dem Fort, das zur Seeseite hin gegen Angreifer und zum Schutze der Siedler gebaut wurde. Hurrikane und verheerende Feuer, Aufstände und immerwährende Auseinandersetzungen mit den Indianern führten dazu, dass die meisten spanischen Bewohner sich in den Süden der Insel absetzten. Dort gründeten sie die spätere Hauptstadt: Santo Domingo.

Beliebtes Ausflugsziel vor Santa Bárbara:
Eine hölzerne Fußgängerbrücke führt auf direktem Wege hinüber auf das urige Eiland.

Fortaleza de San Felipe: *Am westlichen Ende des Malecón gelegen, diente die Festung aus dem 16. Jahrhundert zum Schutz vor den Überfällen der Piraten.*

Puerto Plata aus der Vogelperspektive: *Die große Hafenstadt an der Bernsteinküste hat sich als Industrie- und Geschäftszentrum des Inselnordens etabliert. Von dem 800 m hohen Hausberg Isabel de Torres kann man sich einen tollen Überblick verschaffen. Zu Füßen liegt der Playa Cofresi, der die Pracht der schönen, langen Sandstrände der Region um Puerto Plata vorwegnimmt.*

Seite 22 Wo alles begann: *La Navidad – die erste von Spaniern in Amerika angelegte, kurzlebige Siedlung an der Küste der Insel Hispaniola. Einst provisorische Festung, zählt die Steinruine heute zum UNESCO-Weltkulturerbe.*

Karibische Postkartenidylle: *Die feinsandigen Strände der Bernsteinküste zeichnen sich durch kräftige Farbtöne aus. Langgeschwungene Buchten, schattenspendende Palmen, erfrischende Meeresprisen – die Küstenstriche im Norden wecken Begehrlichkeiten vieler Urlaubshungriger. Ob Playa Grande oder ...*

Seite 26 Ein Buckelwal springt aus dem tiefblauen Wasser:
Ganze Populationen dieser riesigen Meeressäuger durchkreuzen die warmen Gewässer der Bahía de Samaná. Für die meisten Menschen, die Augenzeugen dieses Spektakels werden, zählen das Paarungsschauspiel oder die Geburten der Jungtiere zu den unvergesslichen Augenblicken ihres Aufenthalts in der Dominikanischen Republik.

*... **Playa Dorada:** Die Traumstrände des touristischen Nordens sind bei vielen Badeurlaubern beliebt. Diese reisen aus ganz Europa an, um unter der dominikanischen Sonne die Seele baumeln zu lassen. An den prominentesten Stränden ist man so jedoch selten alleine.*

Seite 30 Puerto Plata: Mit dem Tourismus kam in den achtziger Jahren auch der Aufschwung in die Metropole an der Nordküste, die 1496 von Kolumbus' Bruder Bartolomeo gegründet wurde. Heute zählt eine Visite des historischen Stadtkerns dieser Hafenstadt zu den Highlights für die internationalen Urlaubsgäste.

An einem Traumstrand wie diesem erfüllen sich alle Urlaubsträume im Handumdrehen: Sonne, Sand und Badespaß auf Samaná!

Salto de Limón: Auch ein Ausflug zu den Wasserfällen lohnt sich immer.

Bunte Beschaulichkeit: Wer nach Las Terrenas kommt, den erwarten farbenfrohe Holzhäuser, in denen alle wichtigen Läden unterge-bracht sind. Manchmal wirken die urigen Straßendörfer zwar etwas verschlafen, aber der erste Eindruck täuscht: Stets wird der freundliche Besucher mit herzlicher Gastfreundschaft empfangen.

An der Calle Principal *haben sich die Geschäftsleute niedergelassen, um ihren Urlaubsgästen einen Aufenthalt in Las Terrenas so angenehm wie möglich zu gestalten. Und es hat funktioniert, denn das Fischerdorf an der Nordküste hat sich zu einem vibrieren-den Touristenort entwickelt.*

*Seite 36 **Paradies der Wellenreiter:** Zwischen gedrungenen Palmen haben sich die farbenfrohen Surf-Shops am Strand von Cabarete angesiedelt. Mit großem Erfolg: Das Fischerdorf ist eine karibische Top-Adresse für den Wassersport.*

Hütten, Meer und Leibeswohl: *Ganz in der Nähe dieses scheinbar verlassenen Fleckens Erde betreibt ein französischer Spitzenkoch ein kleines Hotel mit exquisiter Küche.*

Morgenimpression: *Wer möchte angesichts eines solchen Momentes nicht auf der Halbinsel Samaná verweilen?*

Typisches dominikanisches Restaurant: *So urig wie hier lässt sich die leckere dominikanische Küche vielerorts genießen. Die Speisekarte ist üppig – ob Fisch oder Fleisch, das kulinarische Angebot lässt garantiert keine Wünsche offen.*

Am Strand der Bacardi-Insel kommen Urlauber und Einheimische schnell ins Gespräch. Sie alle wissen, dass dieses Inselchen konkurrenzlos schön ist, und genießen hier das einzigartige Feeling aus dem Werbespot des Rumgetränks.

Seite 42 Garten Eden: *Egal ob pauschal oder individuell – dem Besucher der Dominikanischen Republik bieten sich auch abseits des Touristenrummels Mittel und Wege, diese Trauminsel zu erkunden. Ein Plätzchen für den Reisenden findet sich immer.*

La Isabela: *So sieht die erste Siedlung der Neuen Welt heute aus. Die Spuren der mächtigen Festungswälle und des Forts sind in den Ruinen noch zu erkennen.*

Fischer bei der Arbeit an Land: *Die frischesten Doraden und Thunfische gehen nur dem nicht durchs Netz, der sich auf fingerfertiges Flicken versteht.*

Landungsstelle unweit des Forts: *1493 kehrte Kolumbus auf seiner zweiten Amerikareise nach Hispaniola zurück, ging vor Anker und errichtete unweit dieser Stelle La Isabela. Doch verschiedene Ereignisse – Hurrikane und Aufstände – bewogen die Siedler, sich an der Südküste niederzulassen. Dort gründeten sie die heutige Hauptstadt ...*

... das wunderschöne Santo Domingo. *1503 entstand hier zuerst die Fortelaza Ozama, benannt nach dem Ozama-Fluss, an dem die Stadt errichtet wurde. Auch die Festung Ozama diente als Schutzwall gegen die Piraten. Die alten Gemäuer befinden sich in hervorragendem Zustand und vermitteln Besuchern ein authentisches Gefühl längst vergangener Tage.*

Flanieren in der Zona Colonial, der historischen Altstadt der ältesten Stadt der neuen Welt. Auch hier, wie vielerorts auf der Insel, wacht der Weltenentdecker über die Geschicke der Dominikaner, ...

Seite 50 Samaná: Meer und Palmenstrand versprechen einen Traumurlaub.

... Christoph Kolumbus. Mit rund hundert Mann suchte er auf seiner ersten Reise im Auftrag der spanischen Krone den Seeweg nach Indien, den Zugang zu kostbaren Schätzen also, von denen zuvor Marco Polo geschwärmt hatte. Es war jedoch nicht Indien, wo Kolumbus und die Seinen schließlich landeten, sondern Amerika.

Las Terrenas verspricht ein farbenkräftiges Panorama unter Palmen. Himmel, Strand und Meer – knapp 3,4 Millionen ausländische Gäste besuchten 2007 die karibische Insel und überzeugten sich von den Vorzügen der Dominikanischen Republik. Viele, die schon hier gewesen sind, kommen immer wieder gerne in den Nordosten der Urlaubsinsel.

Passage von Samaná: *Wo azurblaues Wasser auf saftiggrüne Wälder trifft, begegnen sich auch der Jet-Set und das einfache Volk. In der paradiesischen Bucht ankern Hochseejachten friedlich neben den am Kai schaukelnden Fischerbooten. Ein trautes Miteinander ist den Menschen wichtig, man geht sich nicht aus dem Weg.*

Älteste Stadt der neuen Welt – im Süden von Santo Domingo bis zum Lago Enriquillo

Santo Domingo de Guzmán – die Wiege Amerikas – ist nicht nur dominikanische Hauptstadt, sondern auch kultureller und politischer Mittelpunkt der Inselrepublik. Die älteste Stadt der Neuen Welt ist eine typisch lateinamerikanische Metropole: vibrierend und lasziv, turbulent und laut. Da ist froh, wer in der betörend schönen Zona Colonial, der historischen Altstadt, etwas Erholung von der hauptstädtischen Hektik tanken kann. Die Uhren jedenfalls scheinen in den Gassen des kolonialen Kulturerbes langsamer zu ticken. Zumindest am Tage. Denn in den Nächten zeigt sich, was es heißt, dass jedem Dominikaner sein heiß geliebtes Santo Domingo der sprichwörtliche Nabel der Welt ist. Nach Sonnenuntergang dröhnen die wallenden Beats der Merengue-Musik aus allen Bars, Cafés und Restaurants. Am lautesten jedoch wummert der schmachtende Sound von den Rückbänken der klapprigen Mofas. Bei der Jugend sind Tankstellen-Partys bis tief in die Nacht besonders beliebt. Die Antwort auf die Frage, warum sie zwischen Zapfsäulen und nicht unter Palmen feiern, liefert ein Ausflug bei Tage an den Stadtstrand, der sich am hinteren Malecón erstreckt. Und erschrickt: Wer hätte gedacht, dass auch ein karibischer Strand ein trostloser Flecken Erde sein kann? Nur jene aus der Nachbarschaft, die weder Zeit noch Geld haben, um an einen der

Merengue, das ist in erster Line lautstarke karibische Lebensfreude – nicht wegzudenken ist er aus der Dominikanischen Republik, deren akustisches Markenzeichen er längst geworden ist. Ursprünglich ein Modetanz der Salons des 19. Jahrhunderts, wurde der Merengue schnell von der einfachen Bevölkerung adaptiert. Von den Hütten der Vorstädte gelangte er schließlich hinaus auf die Straßen, wo er noch heute als Vehikel für die Sehnsüchte der leidenschaftlichen Dominikaner dient. Rasend schnelle Rhythmen und schmalzige Gesänge zeichnen den Merengue ebenso aus wie die enorme Durchschlagskraft, mit der er allerorts zur Party ruft. Egal ob an den Swimmingpools der All-inclusive-Resorts oder an den Bars und in den Restaurants an den Küsten und im Landesinneren; keiner kann sich dem Merengue in der Dominikanischen Republik entziehen. Erst recht nicht zur Karnevalszeit.

besseren Strände zu fahren, die gut 20 Kilometer entfernt vor den Toren der Stadt liegen, werfen sich hier in die Wellen.

BOCA CHICA – DER BADEORT DER HIPPEN HAUPTSTÄDTER

An der Küstenstraße von Santo Domingo sind in den vergangenen Jahren besonders viele der exklusiven Bettenburgen für Urlaubsgäste aus dem fernen Europa entstanden. Die Wirtschaft der Inselrepublik hängt von dem Geschäft mit dem Fernweh maßgeblich ab. Augenzeuge dieses Aufschwungs wird, wer zu dem bevorzugten Badeort der etwas wohlhabenden Hauptstadtbewohner fährt. Es geht in östliche Richtung hinaus aus der Stadt: nach Boca Chica. Durch ein vorgelagertes Kliff ist ein Naturschwimmbad entstanden, das sich großer Beliebtheit erfreut. Wegen des flachen Wassers ist diese Badestelle besonders bei Eltern kleiner Kinder beliebt. In der türkis im Sonnenlicht leuchtenden Badewanne können die Kids ausgiebig toben, während Papa und Mama in einem der Strandrestaurants fläzen. Nach Sonnenuntergang geht auch in dem Städtchen Boca Chica die Post ab. Die Hauptstraße, die Calle Duarte, verwandelt sich schnell in eine Partymeile.

Auf den Spuren der „Straße der Damen" ergeben sich reizvolle Perspektiven – damals wie heute.

TRES OJOS UND ACUARIO NACIONAL – SANTO DOMINGOS WASSERWELTEN

Die Höhlenlandschaft Los Tres Ojos am östlichen Stadtrand bietet ein ganz anderes Flair. Um die außergewöhnliche Pracht und Anziehungskraft der „drei Augen" zu genießen, sollte man diese archaisch anmutende Welt möglichst frühmorgens besuchen. Steile Steinstufen führen hinab in die Tiefe. Dort haben sich vor Jahrhunderten zwei kleine Wasserlöcher gebildet. Wer das dritte der „Augen" mit den eigenen erblicken will, chartert gegen etwas Extrageld ein Boot samt Kapitän. Über einen kleinen See geht es hinaus zur Hauptattraktion, die kurze Passage führt an einer Tropfsteinhöhle mit Stalaktiten und Stalagmiten vorbei. Ein weiteres maritimes Highlight ist das Acuario Nacional. Starkult in dem städtischen Aquarium genießt die Seekuh Tamaury, ein Waise aus den Gewässern einer Insel südlich von Barahona. Ein gläserner Fußgängertunnel führt durch die Bassins. Fischschwärme in Armeestärke und solitäre Haie zischen dicht an den Besuchern vorbei.

Am östlichen Ende dieser historischen Prachtstraße thronen unübersehbar die wuchtigen Mauern der 1503 errichteten Fortaleza Ozama.

ZONA COLONIAL – ÜBERBLEIBSEL DER ERSTEN STADT IN DER NEUEN WELT

Die altehrwürdige Altstadt, die Zona Colonial, direkt am Río Ozama gebaut, versetzt ins Staunen. Ein nicht unwesentlicher Teil der historischen Häuser und Gebäude ist in verblüffend gutem Zustand. Und wer hier flaniert kommt sich schnell vor wie auf den Spuren der spanischen Siedler. Nicht ohne Grund erklärte die UNESCO im Jahre 1990 die historische Altstadt (span. Ciudad Colonial) am westlichen Ozama-Ufer zum Weltkulturerbe der Menschheit. Die Zona Colonial ist im typischen Schachbrettmuster angelegt, die Orientierung fällt also relativ leicht. Die 1502 nach einem Hurrikan und einer Ameisenplage neu gegründete Stadt – Santo Domingo war zwar bereits seit 1496 von Europäern besiedelt, wurde aber offiziell erst zwei Jahre darauf von Bartolomeo an der Flussmündung gegründet – wies erstmals den Grundriss einer sogenannten Idealstadt auf. Das historische Stadtbild mit seinen rechtwinklig angelegten Straßen und einem zentral gelegenen Platz, dem Plaza de Armas oder Plaza Major, sollte schließlich alle folgenden Neugründungen in ganz Lateinamerika prägen. Ein hervorragender Ausgangspunkt für eine Entdeckungstour der Altstadt ist der Parque de la Independencia. Hier steht auch der Altar de la Patria, der „Altar des Vaterlandes". Der sehenswerte Park wird im Osten von der Puerta del Conde begrenzt, einem der Stadttore aus dem 18. Jahrhundert. Die Fußgängerzone, die Calle El Conde, führt von hier aus mitten in das historische Herz Santo Domingos: den Parque Colón.

SIGHTSEEING IM ÜBERBLICK – DIE SAKRALBAUTEN

Sie ist die älteste Kathedrale ganz Amerikas – die an der Südseite des Parks gelegene Catedral de Santa María la Menor, deren Grundsteinlegung 1521 erfolgte und die 1540 eingeweiht wurde. Bereits sechs Jahre später wurde das aus Kalksteinblöcken erbaute Gotteshaus von Papst Paul III. zur ersten erzbischöflichen Kathedrale der Neuen Welt ernannt. Bis 1992 barg sie die Gebeine des Christoph Kolumbus, die jedoch anlässlich der 500-Jahr-Feier der Entdeckung Amerikas in den neuen, umstrittenen Faro de Colón überführt wurden. (Spanien bestreitet, dass Kolumbus' Gebeine in der Dominikanischen Republik ruhen.) Unweit der Kathedrale, in südwestlicher Richtung, wurde 1538 der imponierende Convento de los Domínicos erbaut. Wiederum Papst Paul III. war es, der dem 1510 als Priesterschule gegründeten Kloster einen Besuch abstattete und den Konvent in den Rang einer Universität erhob – auch sie ist die älteste ihrer Art in Amerika.

Weitere sehenswerte Sakralbauten in der Zona Colonial: Iglesia de la Regina Angelorum, Iglesia del Carmen und die Puerta de la Misericordia, das „Gnadentor". Hierhin flüchteten sich die frühen Bewohner, um Schutz vor Hurrikanen und Erdbeben zu suchen. Überdies hatte an dieser Stelle einer der Gründungsväter der Dominikanischen Republik, Ramón Matías Mella, am 27. Februar 1844 einen Schuss abgefeuert, der die Unabhängigkeit der Dominikanischen Republik markierte, nach 22 Jahre währender Besetzung durch Haiti.

FLANIEREN AUF ALTEM PFLASTER – ENTLANG DER STRASSE DER DAMEN

Einen Katzensprung vom Gnadentor entfernt beginnt die possierliche Calle Las Damas, die „Straße der Damen". Sie führt am westlichen Ufer und in nördlicher Richtung schnurstracks entlang dem Río Ozama. Die älteste, von Europäern in Amerika erbaute Pflasterstraße erhielt ihren liebreizenden Namen zu Ehren der spanischen Hofdamen, die hier allabendlich in hübschen Kleidern spazieren gingen. Am südöstlichen Ende dieser noch heute als Flaniermeile dienenden Straße thront unübersehbar die Fortaleza Ozama. 1503 errichtet, um die Ostgrenze Santo Domingos zu schützen, diente sie dem Militär der Neuen Welt quasi als frühes Fort. Unweit dieser wuchtigen Anlage entstand zwei Jahre darauf der Torre del Homenaje, der „Huldigungsturm". Im Inneren des Turmes, der lange Zeit als Gefängnis diente, windet sich eine Wendeltreppe und führt rund 20 Meter nach oben auf die Stadtmauer. Ein herrlicher Rundblick über die altehrwürdigen Dächer der Zona Colonial erschließt sich dem Betrachter. Nördlich der Fortaleza Ozama sind zwei Häuser eine Visite wert: die Casa de Bastidas, erbaut zu Beginn des 16. Jahrhunderts für einen der reichsten Männer Hispaniolas seiner Zeit, Don Rodrigo Bastidas. Und die Casa de Francia, 1503 errichtet, heute Heimstätte für Werkschauen zeitgenössischer dominikanischer Künstler. Hier soll der berühmt-berüchtigte Konquistador Hernán Cortés über der Eroberung Mexikos gebrütet haben.

Hurrikane Als Hurrikan gilt ein Sturm ab einer Windgeschwindigkeit von Orkanstärke, d. h. mindestens 118 km/h oder Windstärke 12 auf der Beaufort-Skala. Hurrikane können einen Durchmesser von mehreren Hundert Kilometern erreichen. Sie entstehen in der Regel im Bereich des Karibischen Meeres und des Golfes von Mexiko, in den meisten Fällen gehen Störungen der Passatströmung voraus. Neben den immensen Windgeschwindigkeiten stellen riesige Meereswellen und schwere Niederschläge die größte Gefahr für Mensch und Tier, Natur und Material dar. Typische Merkmale eines Hurrikans sind das sogenannte „Auge", eine wind- und niederschlagsfreie Zone im Zentrum. Anders als der Tornado, der ein zeitlich und räumlich eng begrenztes Extremereignis ist, wütet ein Hurrikan aufgrund seiner großen räumlichen Ausdehnung nicht selten über mehrere Stunden an einem Ort. Den bisher höchsten materiellen Schaden richtete im August 2005 der Hurrikan „Katrina" an der Südküste der Vereinigten Staaten an: 125 Milliarden Dollar (100 Millionen Euro).

Reiche Tierwelt in extremer Umgebung: Besonders im Südwesten der Inselrepublik sind einige auf Hispaniola sonst sehr seltene Arten heimisch.

NATIONALE IDENTITÄT – HELDENGRUFTEN UND GESCHICHTSSCHREIBUNG

Gleich nebenan, leicht zu erkennen an der neoklassizistischen Kalksteinfassade, huldigt das Panteón Nacional den neuzeitlichen Helden. Hier ruhen die Gebeine jener Unerschrockenen, die Diktator Trujillo bei einem Attentat ums Leben brachten. Ein pathetisches Gemälde über dem Altar erinnert an den tödlichen Anschlag auf den Despoten, dem die Macht auf Drängen der USA angetragen worden war. Einen hochinteressanten Einblick in die Kulturgeschichte Hispaniolas bietet darüber hinaus die Casa de los Jesuitas. Auf wissbegierige Entdecker aus Europa warten exzellent erhaltene Exponate, die Zeugnis ablegen von dem kolonialen Schicksal, das dieser Trauminsel nicht immer wohlgesonnen war. An den mit altertümlicher Patina überzogenen Fassaden der Zona Colonial mag sich zwar kolonialeuropäisches Erbe als Augenweide spiegeln, mit der Herrschaft des weißen Mannes auf fremdem Terrain ging stets aber auch die gezielte wirtschaftliche Ausbeutung einher.

PLAZA ESPAÑA – KOLONIALES ERBE UND LUKULLISCHE GENÜSSE

Freilich verleiht das koloniale Erbe Europas den historischen Stätten Santo Domingos allerhand Atmosphäre – und selten tut es dies in so beeindruckender Weise wie hier: dem Alcázar de Colón, für nicht wenige Besucher des historischen Viertels die spektakulärste Sehenswürdigkeit. In dem Prachtpalast lebte bis 1523 Kolumbus' Sohn samt Gattin, der schönen María de Toledo. Nach beider Ableben bewohnten mehr als 60 Jahre lang Mitglieder des spanischen Hofes dieses grandiose Gebäude. Die Prominentesten: Pizarro, Cortés, Ponce de León und Balboa, die sich hier zur Planung ihrer Eroberungszüge berieten. In dem Gemäuer befindet sich mit dem Museo Virreinal, dem „Vizeköniglichen Museum", ein Domizil für feines Mobiliar. Unweit des Palastes steht mit dem Puerta de San Diego das älteste Stadttor der Drei-Millionen-Metropole.

Die Plaza España bietet für Feinschmecker und Müßiggänger allerhand Liebreiz, in den ansässigen Terrassenlokalen ist für jeden Geschmack etwas dabei. Zur Stärkung zwischendurch lohnt es sich besonders, einen schmackhaften Serranoschinken zu probieren. Satt und ausgeruht geht es weiter, die Calle La Atarazana hinab. Das städtebauliche Ensemble entlang der Straße, das den Kolonialherren einst als Lager und Handelshauskomplex diente, ist umfunktioniert worden zu florierenden kunsthandwerklichen Manufakturen und Galerien: eine Top-Adresse für Souvenirjäger. Am Ende der gepflegten Straße steht schließlich ein weiteres Stadttor, das im 17. Jahrhundert erbaute Puerta de las Atarazanas. Ein integriertes Schifffahrtsmuseum, das Museo de las Atarazanas Reales, führt auf die Fährte gesunkener Schiffe und gehobener Schätze, Skurrilitäten inklusive.

Besonders in Barahona, der größten Stadt der Halbinsel Baoruco, die besonders Individualreisende sehr schätzen, lassen sich unvergleichliche Naturbeobachtungen machen.

Nationalparks Die Insel Hispaniola nennt die meisten Nationalparks der gesamten Karibik ihr Eigen. Und jeder einzelne der 30 dominikanischen Nationalparks ist dank äußerst vielfältiger Flora und Fauna einen Besuch wert. Die wichtigsten Nationalparks und Reservate verteilen sich auf der dominikanischen Inselhälfte – strategisch günstig – in alle Himmelsrichtungen: Der Parque Nacional Sierra Baoruco im Südwesten etwa hat ein sehr heißes, fast wüstenartiges, trockenes Klima und schließt das faszinierende Ökosystem des Lago Enriquillo ein. Hier leben, von der Zivilisation quasi unberührt, neben Krokodilen auch Leguane und Flamingos. Der Parque Nacional Los Haïtises am Südzipfel der Halbinsel Samaná wird beherrscht von dschungelartigen Mangrovensümpfen und subtropischem Regenwald; er dient Papageien, Eulen und Tölpeln als Heimat. Auch die Spuren der von den Spaniern ausgerotteten Ureinwohner finden sich hier: Die Taíno-Indianer hinterließen der Nachwelt ihre Steinzeichnungen und Wandmalereien in den prähistorischen Kalksteinhöhlen. Weitere außergewöhnliche Naturparks sind der Parque Nacional Monte Cristi der besonders für Taucher ein echtes Paradies darstellt, und der Parque Nacional José del Carmen Ramírez im Herzen der Republik, mit dem mächtigsten Berg der Karibik, dem Pico Duarte.

ENDSPURT IN DER ZONA COLONIAL – LETZTE RAST VOR DER WEITERREISE

Nur einen Steinwurf entfernt, in der Calle Isabel la Católica, erblickte im Jahre 1813 Juan Pablo Duarte das Licht der Welt. Er war ein Mitbegründer der Dominikanischen Republik. Dem tapferen Kämpfer für Freiheit erweist das Museo de Juan Pablo Duarte ehrenvolle Referenz. Auf der Calle Isabel la Católica, einige Blocks in südlicher Richtung, an der Ecke Emiliano Tejera, steht die 1500 errichtete Casa del Cordón. Es ist das erste zweistöckige Haus, das von Europäern in Massivbauweise auf Hispaniola gebaut wurde. Diego Colón diente es nach seiner Ankunft auf der Insel im Jahre 1509 als trautes Heim. Und auf dem Rückweg schließlich, zurück zum Mündungsdelta des Río Ozama, empfiehlt sich eine letzte Rast in einem der urigen Lokale rund um den Parque Colón.

Die Karibikküste der Dominikanischen Republik bietet, bis weit in den Westen zum legendären Lago Enriquillo, viele interessante Sehenswürdigkeiten. Ein letzter Blick im wunderbaren Santo Domingo gebührt dem Botanischen Garten. Dann schließlich heißt es: Auf nach Westen.

RAUS AUS DER STADT – UND WEIT HINÜBER ZUR HALBINSEL BAORUCO

Wie der Nordwesten hält auch der Südwesten prickelnde Naturerlebnisse in extrem trockener Vegetation bereit. Die gängige Bezeichnung „unberührter Südwesten" trügt freilich auf dem lan-

Kolonialerbe Nirgendwo sonst in der Karibik sind die Spuren kolonialistischer Eroberer deutlicher und nachhaltiger zu erkennen als in der Altstadt von Santo Domingo, der Zona Colonial. Im Jahre 1498 gründeten die Konquistadoren am Westufer des Río Ozama die erste dauerhafte Siedlung, die auch von der spanischen Krone anerkannt wurde. Ein Großteil der historischen Gebäude ist in fabelhaftem Zustand, ein Spaziergang durch die Schachbrettgassen und Flanierstraßen lohnt sich nicht erst, seitdem auch die letzte Restaurationsphase abgeschlossen ist. In der Zona Colonial stehen die erste Universität und die erste Kathedrale Amerikas. Zum beliebten Freiluftschach treffen sich junge wie alte Bewohner zu Füßen der historischen Gebäude, auf die hier wirklich alle stolz sind. Besondere koloniale Pracht entfaltet sich auch an der Plaza España, denn hier erheben sich viele der spektakulären Sehenswürdigkeiten dieser ältesten Stadt der Neuen Welt. Das bedeutendste Museum der gesamten Insel Hispaniola hat ebenfalls in der Zona Colonial seinen Sitz. Im Museo de las Casas Reales finden sich viele spanische Schatztümer. Außerdem ist in den Gemäuern eine riesige Karte ausgestellt, auf der die Reisen des Entdeckers Kolumbus nachvollzogen werden können.

gen Weg zur Península Baoruco. Wer Santo Domingo auf dem Malecón in westlicher Richtung verlässt, kommt automatisch auf die noch viele Kilometer außerhalb der Stadt mehrspurig ausgebaute Ausfallstraße: die Carretera Sánchez. Bajos de Haina, ein Containerhafen am gleichnamigen Fluss, ist keinen Aufenthalt wert. Nur recht schnell nach San Cristóbal, am Río Nigua liegend und keine 30 km von der Hauptstadt entfernt. In der rund 140.000 Einwohner zählenden Provinzhauptstadt herrscht ein turbulentes Treiben, ihr Gedeihen lässt sich auf den Kalksteinabbau zurückführen. Ein gezielter Abstecher ins Stadtzentrum lohnt wegen der pittoresken Parroquia de Nuestra Señora de Consolación. Die neoklassizistische Kirche zählt zu Trujillos Hinterlassenschaften und geizt nicht mit optischen Reizen. In satten Ockertönen steht sie erhaben vor dem azurblauen Himmel. Überhaupt Trujillo: Dem Diktator hat es nirgends so sehr wie hier gefallen – in seiner Geburtsstadt. Etwa fünf Kilometer nördlich von San Cristóbal befindet sich das ehemalige Landhaus des Diktators: die Casa de la Caoba. Die herrschaftliche Villa, deren oberes Stockwerk komplett aus Mahagoni, dem *caoba*, gefertigt ist, thront sprichwörtlich auf einem Hügel, der einen majestätischen Blick über die liebreizende Landschaft erlaubt. Im Westen der Stadt protzt der Palacio del Cerro auf einer lichten Anhöhe. Ziele in der Umgebung sind des Weiteren die Ruinen zweier ehemaliger Zuckerfabriken rund zwölf Kilometer von San Cristóbal entfernt, nahe dem hübsch am Meer gelegenen Dorf Nigua. Besonders die teilweise restaurierte Boca de Nigua aus dem 18. Jahrhundert bietet seltene Einblicke in den Alltag einer Zuckermühle. Weiter geht es über den Río Nizao in die Provinz Peravia und ihre schmucke Hauptstadt Bani, deren Hauptattraktion die Kirche Nuestra Señora de Regla ist. Indianisches Lokalkolorit versprüht der von Massentourismus verhältnismäßig verschont gebliebene Ort noch heute. Rund um ihn herum wurden viele Kaffeeplantagen angelegt. Und es lohnt sich, eine kulinarische Spezialität zu kosten: eine seltene Sorte der Rosenmango, die nur hier gedeiht. Die Einheimischen schwören darauf. Der Playa Bani sollte gemieden werden, viel sinnvoller ist ein Besuch des Playa Palenque, ca. 20 km außerhalb der Stadt. An den Wochenenden ist aber auch hier Hochbetrieb; dann donnert die Merengue aus großen Boxen. Karibische Bilderbuchstrände finden sich vielmehr rund 25 km in südwestlicher Richtung, nahe dem urigen Fischerkaff Las Salinas. Salzgewinnung – der Name sagt es

Grenzstein der Republik Haiti in der Zentralkordillere

Bizarre Höhlenwelten – auch die gibt es auf Baoruco.

– wird hier besonders groß geschrieben. Die Salzgärten der Las Salinas Península ragen weit ins türkisblaue Meer. Der kontrastreiche Blick auf die Anhöhen der Sierra Martín García gegenüber der Halbinsel könnte surrealer kaum sein. Dass der Strand von Las Salinas mit Bar, Restaurant, Umkleidekabinen und einem Kinderspielplatz aufwartet, macht einen Zwischenstopp an dieser Stelle gerade für Familien attraktiv. Zwischen Las Salinas und dem einst wichtigen Hafen Puerto Viejo liegt die Bahía de Ocoa, eine Bucht, die Salzgärten und Gebirge trennt und doch den karibischen Traum als Ganzes wahrnehmbar macht. Rast und Ruhe versprechen die vielen Strände – manche erschlossen, andere nicht; traumhaft sind sie alle.

Ein Rundgang durch das Städtchen Puerto Viejo lohnt weniger wegen einiger Überreste aus der Kolonialzeit. Vielmehr sind es die gegrillten Fischspezialitäten, die in der gesamten Provinz Azua ihresgleichen suchen. Die Einkehr in eines der Lokale vor Ort sei also dringend angeraten. Zur Verdauung empfiehlt sich ein kleiner Spaziergang hinauf auf den saftiggrün bewaldeten El Número (630 m). Der Ausblick gibt quasi einen Vorgeschmack auf die Abenteuer, die hinter der rund 160.000 Einwohner zählenden Provinzstadt Barahona warten. Barahona ist das Tor zu unberührter wie teils unwirtlicher Natur.

BARAHONA – EINST PIRATENNEST, HEUTE ELDORADO DER ABENTEURER

Weiter Richtung Westen also, auf steiler und kurviger Asphaltpiste, hinein ins wilde Herz des Südwestens der Republik. Auch in der letzten größeren Stadt an der Südküste vor der Grenze zu Haiti, in Barahona, stehen bereits einige Touristenherbergen für gehobene Ansprüche. Vor Jahren schien es unvorstellbar, dass in das ehedem von gefürchteten Piraten wie Cofresí heimgesuchte Küstennest einmal der Massentourismus Einzug halten sollte. Doch was vielen noch unmöglich schien, wurde nach den Plänen der Pauschalreiseplaner in der Folgezeit zum realistischen Szenario: All-inclusive-Urlauber erhalten längst auch hier, am oberen Ende der Halbinsel Baoruco, das inseltypische Rundum-sorglos-Paket. Ein internationaler Flughafen im Einzugsgebiet der Provinzstadt machte es möglich. Zwar sind die Strände hier, im karibischen Vergleich, von minderer Qualität. Aber die Gastfreundschaft der in dieser Region besonders aufgeschlossenen Bevölkerung macht das fehlende Postkartenidyll mit authentischem Flair locker wieder wett. Von dem familiären Miteinander fühlen sich die Individualreisenden besonders angezogen. Sie reizt die Sierra de Baoruco, die das Hinterland der gleichnamigen Halbinsel prägt. In der Hochlandgegend des Südwestens gedeihen über die Hälfte der in der Dominikanischen Republik vorkommenden Orchideen. Ein weiteres Plus Barahonas ist seine strategisch günstige Lage als Startpunkt für eine der schönsten Wegstrecken auf Hispaniola. Über die legendäre Küstenstraße Carretera 44 führt die spektakuläre Fahrt hinab in den Süden. Rechts stehen die knorrigen Wälder der Sierra hoch im Wind. Links fallen steil die Klippen zur azurblauen Karibik ab. Ein besonders beliebtes Badeziel ist der Playa San Rafael. Zwei Süßwasserbecken, gespeist vom nahen Río San Rafael, laden zum Planschen und Schwimmen ein.

NATIONALPARK JARAGUA UND ROTE ERDE –
IM SCHATTEN DER KAKTEEN

Das Dorf Oviedo an der Westküste, die gleichnamige Lagune und ein Salzwassersee, an dessen Ufern sich Flamingos, Pelikane und Leguane tummeln, wirken wie die letzten Bastionen der Zivilisation. Ab hier beginnt die Reise durch den gut 1.400 km² großen Parque Nacional Jaragua. Er ist der größte Nationalpark der Republik und schließt die unbewohnten Inseln Beata und Alto Velo ein. Dieser Nationalpark geizt nicht mit Rekorden: Rund 60 Prozent aller Vogelarten der Dominikanischen Republik sind hier heimisch; zahllose präkolumbische Höhlen sind hier situiert – ein Dorado besonders für Hobbyarchäologen und waschechte Abenteurer. Kakteen und Büsche prägen das Landschaftsbild, wenn es weiter auf der Carretera 44 geht. In Cabo Rojo – dem „Roten Kap" – an der Westküste der Halbinsel Baoruco versteht man schnell, wie das Dorf zu seinen Namen kam: Der Bauxit, ein Gestein und wertvolles Aluminiumerz, färbt die Erde rot. Die unberührten Strände dieser Region sind übersät mit Massen von Muschelschalen. Die Wassersportler schwören besonders auf die Strände entlang der Bahía de las Aguilas. Diese Bucht ist nur mit Vierradantrieb oder dem Boot zu erreichen. Im scheinbar nicht dieser Welt entspringenden Höhlendorf La Cueva kann man sich für etwas Entgelt von einem

Piraten Wer hätte es gedacht: Auch Christoph Kolumbus ging einst auf Kaperfahrt vor den Kanarischen Inseln – im Schlepptau des berüchtigten französischen Seeräubers Coulon. Weit berühmter als die seeräuberischen Kaufleute wurden jedoch die französischen, niederländischen und britischen Piraten des 16. bis 18. Jahrhunderts. Sir Francis Drake (Virgin Islands) und François „Wooden Leg" le Clerc (Kuba und St. Lucia) fuhren im Auftrag der englischen Krone gegen die Goldflotten der Spanier; sie werden als „Korsaren" bezeichnet. Der Begriff „Pirat" ist denn jenen Kapitänen samt ihren Mannschaften vorbehalten, die auch „auf eigene Rechnung" und ohne Rücksicht auf die Flagge, unter der das angegriffene Schiff fuhr, in der Karibik auf Kaperfahrt gingen. Darunter waren so legendäre Gestalten wie Henry Morgan (1635–1688; Jamaika), Edward „Blackbeard" Teach (1675–1718; Bahamas) und Roberto Cofresí (1791–1825; Puerto Rico und Dominica). Als klassisches Piratenschiff gilt die britische Galeone, die weitaus wendiger und schneller war als die spanischen Karavellen der Gold- und Silberflotten. Legendär und quasi der Vorläufer unserer modernen Unfall-, Pflege- und Rentenversicherung ist auch der „Piratenkodex", der das raue Piratendasein bis ins Detail reglementierte.

Paella satt: *Die Fischpfanne ist eine Leibspeise der Dominikaner und wird überall im Land sehr lecker zubereitet.*

der örtlichen Fischer aufs Meer hinaus tuckern lassen. Selbst Törns hinunter zur Alto Velo sind ab Cabo Rojo möglich. Hierfür empfehlen sich aber Hochseetauglichkeit und ausreichend Zeit. Wer lediglich in der Bucht von Las Aguilas auf Tauchstation gehen möchte, dem sei beim Atemholen eines besonders empfohlen: Kopf aus dem kristallklaren Wasser recken, den Hals gen Norden gestreckt. Die nur 20 Kilometer entfernte, am Horizont gut zu erkennende Silhouette gehört der Provinzstadt Pedernales; sie markiert die Grenze zu Haiti. Und in diese Richtung soll es weiter gehen.

LAGO ENRIQUILLO – EINST EIN GRENZÜBERSCHREITENDER WASSERLAUF

Egal ob mit dem Mietwagen oder in einem der überall in der Dominikanischen Republik verkehrenden *públicos* und *guaguas*, den öffentlichen Autobussen: Reger Verkehr herrscht längst auch hier, im extrem trockenen Einzugsgebiet des legendären Lago Enriquillo. In der Enriquillo-Senke, zwischen der Sierra de Neiba und der Sierra Baoruco, herrscht ein kurioses Mikroklima. Nirgendwo auf Hispaniola findet sich eine derartige Dürre. Selbst die Tiere am Enriquillo-See meiden das direkte Sonnenlicht. Der See, dessen Salzgehalt dreimal so hoch ist wie der des Atlantiks, liegt 40 Meter unter dem Meeresspiegel. Die Wasserverdunstung ist dementsprechend hoch. Aber an den Ufern des Salzsees, benannt nach dem berühmten Indianerhäuptling („Kazike") Enriquillo, schwimmen deshalb noch lange nicht nur wuchtige Salzschollen, die sich in Ermangelung kühlen Nasses bilden. Hier leben die gefürchteten Spitzkrokodile. Baden ist im größten Binnenmeer der Karibik deshalb nicht nur unerwünscht, sondern aus gutem Grunde streng verboten. Zufriedenheit verschafft aber auch ein ausdauernder Blick über den Lago Enriquillo, der ein einzigartiges Binnenmeer ist. Wer eine Umrundung des Sees plant, sollte von Neiba aus aufbrechen. Rund acht Stunden müssen für den Trip ins „karibische Outback" einkalkuliert werden. In der Ortschaft findet mittwochs wie samstags ein bunter Markt statt, auf dem es den nötigen Proviant für den Marsch zu kaufen gibt. Ein weiteres Ziel auf der Wegstrecke um den Enriquillo-See ist Villa Jaragua, ein surreal anmutendes Dorf, das sich ans nordöstliche Seeufer schmiegt. Was die wenigsten wissen: Das heutige Binnenmeer Lago Enriquillo war einst Teil eines Grabens, der die östlich gelegene Bahía de Neiba mit der Baie de Port-au-Prince im Westteil der Insel verband. Tektonische Bewegungen zogen Verschüttungen nach sich, die den natürlichen Kanal schließlich auf ewig versiegelten.

ISLA CABRITOS – PADDELN AUF DEM TROCKENEN

Der Höhepunkt einer jeden Abenteuerreise zum zwar unwirtlichen, aber vollends faszinierenden Lago Enriquillo ist zweifelsohne der Besuch der Isla Cabritos. In der Nähe der sagenumwobenen Cueva Las Caritas, in denen die Felsritzungen der Taínos der Nachwelt erhalten blieben, befindet sich der Eingang zum Parque Nacional de Isla Cabritos. Einem kurzen Fußmarsch durch schattenspendende Baumgruppen folgt die willkommene Abwechslung prompt. Per Boot geht es hinüber auf die im Herzen des Salzsees thronende „Ziegeninsel". Von Menschen unbewohnt, begegnet der schaulustige Naturfreund steinalten Schildkröten und munter plappernden Papageien auf ihr. Nach Rückkehr von diesem einmaligen Insel-auf-der-Insel-Erlebnis macht ein Bad im eiskalten Wasser des Balneario Las Barías doppelt Freude. Der Abkühlung im feuchten Nass kann ein kühler Drink folgen, im nahe gelegenen Dörfchen La Descubierta etwa, bevor es an südlichen Ufern, über Jimaní und Duvergé, vorbei an der Bronzestatue des hier kultisch verehrten Kaziken Enriquillo, wieder ostwärts geht. Zur Linken erscheint alsbald die kleine Schwester des Lago Enriquillo, das 47 km² große Salzwasserbecken Laguna del Rincón, Heimstätte graziöser Kormorane.

Zurück in Barahona, dem Tor zum Südwesten, lockt der Ruf eines anderen und, nicht nur was die Vegetation betrifft, völlig gegensätzlichen Refugiums. Der urwüchsige Südosten fesselt Besucher mit einem ebenfalls einzigartigen Ökosystem – und dem Werbeversprechen: Palmen, Sonne, Sand und Meer. Darüber hinaus gedeiht der Regenwald im Mündungsdelta des Río Yuna üppiger als anderswo auf Hispaniola.

Justizpalast in Monte Christí

Staatstragend: *Santo Domingo, auch die „Wiege Amerikas" genannt, ist die Hauptstadt der Dominikanischen Republik – und nicht nur auf deren Staatsgebiet die größte Stadt, sondern in der gesamten Karibik. In der vibrierenden lateinamerikanischen Metropole spielt sich, neben dem politischen, besonders auch das kulturelle wie wirtschaftliche Leben der Dominikanischen Republik ab.*

Zona Colonial: *Erholung von der hauptstädtischen Hektik kann tanken, wer in die historische Altstadt von Santo Domingo geht. In den Gassen des kolonialen Kulturerbes ticken zumindest am Tage die Uhren scheinbar langsamer. Nachts geht es auch hier mit viel Musik zur Sache.*

So still und beschaulich wie hier – in der Calle Las Damas – ist es nachts in Santo Domingo nur selten.

Seite 70 Boca Chica: Der Strand, an dem sich gerne auch die von Hektik geplagten Hauptstädter entspannen. Ein Naturschwimmbecken, von großer Klasse und mit guter Infrastruktur: Restaurants, Bootsverleiher und Rutschen für die Kleinen. Hier ist für wahre Urlaubsfreuden gesorgt.

Heiße Rhythmen des Merengue: Die schnelle und schmachtende Musik ist der Taktgeber der heißblütigen und lebensfrohen Dominikaner. Gerne wird ausgiebig getanzt.

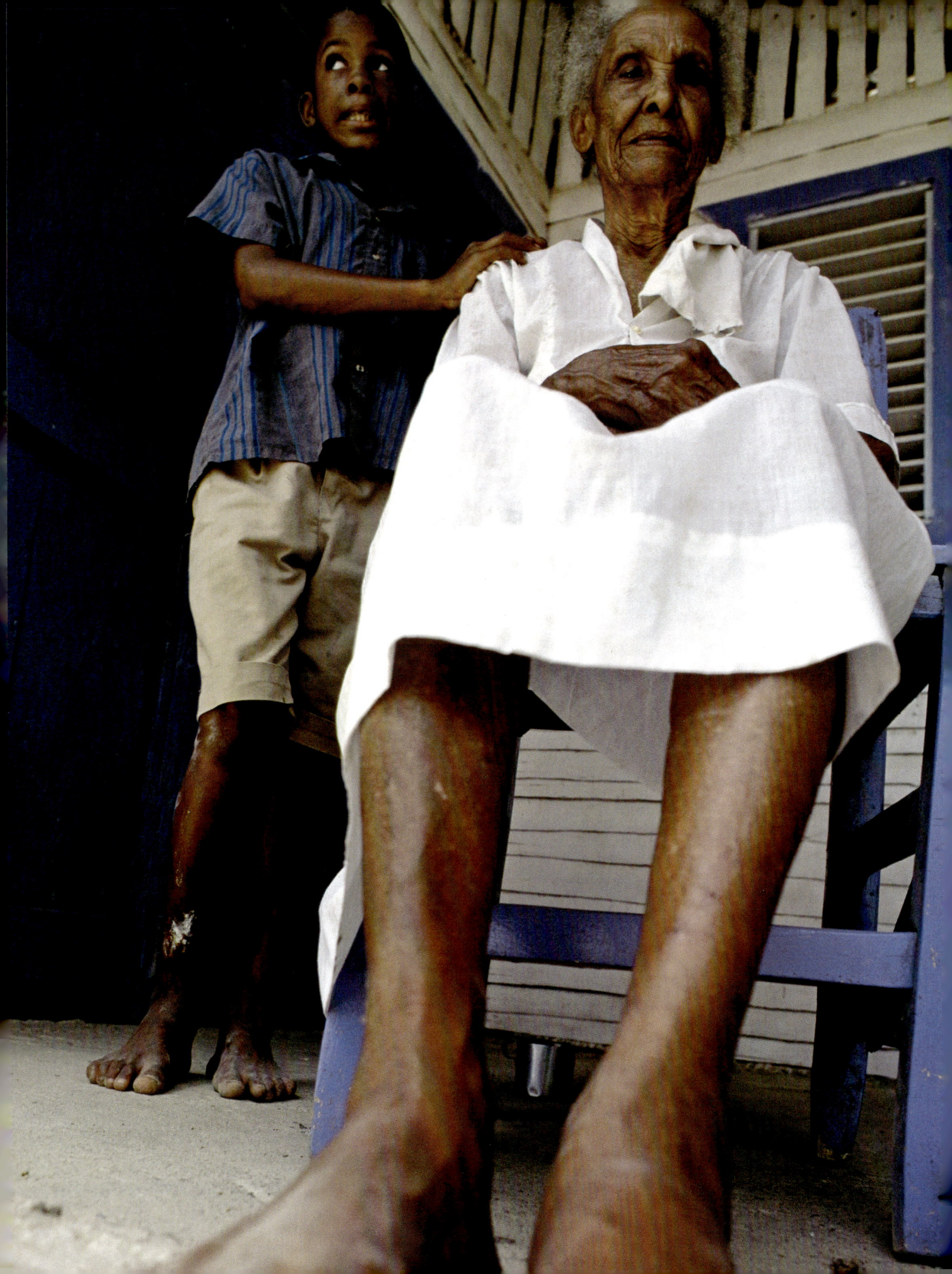

Jung an Jahren: *Fast 40 % der dominikanischen Bevölkerung sind 15 Jahre und jünger.*

Durchaus altersweise: *Die Lebenserwartung in der Dominikanischen Republik liegt im karibischen Vergleich mit rund 66 Jahren (Männer) und 71 Jahren (Frauen) im Mittelfeld.*

Seite 74 Der Faro de Colón *ist ein umstrittener Sakralbau der Neuzeit. Eine ganze Siedlung musste der letzten Ruhestätte des Christoph Kolumbus weichen. Bei Besuchern wie Bewohnern Santo Domingos stößt das Bauwerk auf Skepsis. Auch die Spanier mögen das kreuzförmige Betonmonster nicht – jedoch weniger aus ästhetischen Gründen: Sie erheben den Anspruch, selbst die sterblichen Überreste ihres berühmten Sohnes in Sevilla zu beherbergen.*

*... und zieht sich im **Schatten der Neustadt** entlang dem Ozama-Fluss durch das historische Santo Domingo.*

Calle Las Damas: *Die wunderschöne Flaniermeile ist die
älteste von Europäern in der Neuen Welt erbaute Straße ...*

Die Casa de Bastidas, nahe dem historischen Fort, diente einst einem der reichsten und einflussreichsten Männer Hispaniolas, Don Rodrigo Bastida, als Domizil.

*Von ganz anderem, aber nicht weniger großem Einfluss waren die unerschrockenen Männer, die Diktator Trujillo bei einem Attentat zur Strecke brachten – im **Panteón Nacional** wird ihnen mit großem Staat gedacht.*

Alt und neu: *In Santo Domingo treffen Kolonialerbe und Modernität direkt aufeinander. Für den ortsunkundigen Besucher mag das hauptstädtische Straßengewimmel auf den ersten Blick unübersichtlich wirken. Im alten Stadtkern jedoch findet man sich dank des Straßensystems im Schachbrettmuster schnell zurecht; den alten Spaniern sei Dank.*

An den Ufern des Río Ozama beginnt die Entdeckungsreise durch Santo Domingo. Der Fluss ist die Lebensader dieser wunderschönen Stadt und trennt das historische Altstadtzentrum von den modernen Gebäuden der Neustadt. Der architektonische Mix ist den
Städteplanern durchaus gelungen.

Vor verschlossenen Türen wird niemand stehen, der nach Baoruco kommt. Alleine der grandiose Blick entlang der Magistrale, die sich an der Küste hinunter in den äußersten Süden der Republik schlängelt, macht viele Besucher staunen. Zwischendurch empfiehlt sich eine Stärkung in einer der vielen Raststätten an der Wegstrecke.

Seite 82 Traumkulisse unter Palmen: Die Strände der Halbinsel Baoruco stehen denen im Rest des Landes in Sachen Schönheit in nichts nach. Im Gegenteil – hier ist es in der Hauptsaison um einiges ruhiger als an den Stränden der Touristenzentren.

Den Einheimischen im Südwesten des Landes eilt der Ruf voraus, besonders gute Gastgeber zu sein – und ein freundliches Lächeln gibt es immer gratis. Kein Wunder also, dass sich diese Region bei den Reisemachern in Europa immer mehr als Empfehlung für Individualtouristen mit Karibikwunsch durchsetzt.

Beliebtes Fortbewegungsmittel: *Per Bus kann es theoretisch über die gesamte Inselhälfte gehen. Denn das Straßennetz ist gut ausgebaut – ein infrastruktureller Vorteil, den die Dominikanische Republik zweifelsohne im Vergleich zu einigen anderen Karibikinseln hat.*

Bunte Pracht: *Souvenirs – etwa solche schönen Bilder – gibt es in jeder größeren Stadt zu kaufen. Es lohnt sich hinzugucken, denn oftmals liegen die schönsten Motive sprichwörtlich auf der Straße.*

Stachliges Paradies: Im Einzugsgebiet der legendären Enriquillo-Senke herrscht extreme Trockenheit – ein einzigartiges Ökosystem in der Karibik.

Seite 90 Das Auge gerät in Verzückung angesichts solcher Bilderbuchsonnenuntergänge.

Die sprichwörtliche Lebenslust der Dominikaner fußt auf einem beliebten Sprichwort, das in der Karibik ein jedes Kind kennt: „Das Schicksal liegt in Gottes Händen."

Der Enriquillo-See inmitten hoher Berge: *Legendär für seine milchig-grüne Optik liegt der Enriquillo-See in einer gleichnamigen Senke, die wegen ihrer trockenen Karstlandschaft berühmt-berüchtigt ist. Das Baden im See ist verboten, zu gefährlich sind die Krokodile, die diesen für sich beanspruchen.*

Las Caritas-Höhle: *Felszeichnungen der Taínos im Inneren zeugen von der Kulturgeschichte der ersten Bewohner dieses Land-strichs. Von den Eroberern aus Europa wurden alle Eingeborenenstämme der Karibik nahezu ausgerottet, nur Inschriften und Zeichnungen an den Felswänden blieben der Nachwelt von den Urbewohnern erhalten.*

Paradiesische Verheißung – im Osten von Punta Cana bis La Romana

Ankunft unter Palmen: *Punta Cana, erst rund zehn Jahre ernstzunehmender Touristenort, zählt längst zu den wichtigsten Ferienzielen des Landes. Die 40 Kilometer lange Kokosküste mit puderzuckergleichen Sandstränden lockt insbesondere All-inclusive-Urlauber.*

Die wunderbaren Traumstrände der „Kokosküste" im Südosten der Dominikanischen Republik locken jährlich Abertausende sonnenhungrige Badeurlauber auf die Ferieninsel. Die beiden faszinierenden Nationalparks Los Haitises und Del Este, das katholische Pilgerzentrum Higüey und insbesondere die Insel Saona sind die attraktiven Hotspots dieser touristisch vielleicht reizvollsten Region Hispaniolas. Weißen Sand und Sonne satt gibt es rund um die Touristenhochburg Punta Cana – seit Langem schon die Lieblingsstadt der europäischen Ferienmacher. Die Zauberformel heißt hier, konsequenter noch als andernorts: „Alles inklusive!"

PUNTA CANA – FERIENMACHERS TRAUMFABRIK AN DER COSTA DEL COCO

Rund um die beliebteste aller dominikanischen Urlaubsdestinationen, Punta Cana, tobt in der touristischen Hochsaison das Leben. Längst verfügt der Verwaltungsbezirk La Altagracia, zu dem Punta Cana zwar zählt, dessen Hauptstadt aber Higüey ist, über einen internationalen Flughafen. Und der befindet sich in Privatbesitz. Schon unmittelbar nach Ankunft auf dem Airport stellt sich ein kaum zu beschreibendes karibisches Feeling ein. Kein Wunder also, dass so viele Gäste aus aller Herren Länder genau dieser Region ihre Aufwartung machen. Die Südostküste der Dominikanischen Republik hat zu Recht den Ruf, die prächtigsten karibischen Strände bieten zu können. Badeurlauber erwartet ein Meer in den kräftigsten türkisblauen Tönen – und dessen Rauschen vis-a-vis der Zimmertüre. Ein langgezogenes Korallenriff, das als natürlicher Brandungsschutz dient, macht das Hurrikan-Risiko in Punta Cana mehr als kalkulierbar. Insbesondere der fast 50 km lange Playa Bavaro und sein Pendant, der nicht minder endlose Playa de Arena Gorda, sind aufgrund ihrer malerischen Kulissen ein

der Küste Richtung La Romana gelegen, lässt es sich aushalten. Einfach traumhaft – und nur nach Sonnenuntergang touristisch weitestgehend unberührt – ist der fast schon sagenumwobene Playa Bayahibe. Bunte Holzhütten säumen den örtlichen Traumstrand und sorgen besonders im Abendrot für expressionistische Farbkontraste. An dieser Stelle ließe es sich aushalten – und zwar länger als nur für einige Wochen Jahresurlaub. Doch weiter geht die Entdeckungsreise, westwärts in das als „freundliche Zuckerstadt" bekannte La Romana.

Wunderschöne Orchideen *gedeihen im Mündungsdelta des Yuna-Flusses.*

LA ROMANA – DIE FREUNDLICHE ZUCKERSTADT

La Romana, 1502 von den Spaniern gegründet, ist mit seinen rund 110.000 Einwohnern eine lebhafte Stadt von mittlerer Größe. Die wichtigste Zuckermühle der Republik steht hier. Das hat der Küstenstadt und ihren Einwohnern natürlich nicht geschadet – ein für dominikanische Verhältnisse achtbarer Wohlstand macht die Menschen glücklich und zufrieden. Besucher fühlen sich in den Cafés und Restaurants von La Romana stärker als andernorts auf der Insel an das heimische Europa erinnert; eine kleine Stärkung von den Reisestrapazen sei also gerade in La Romana empfohlen. Auf dem Mercado Municipal, erwartet den neugierigen Flaneur buntes Markttreiben. Die Palette der feilgebotenen Waren ist bunt und frisch: Von Souvenirs bis Kräuterspezialitäten reicht das Angebot. Ein Spaziergang durch die Avenida Libertad sei jedem empfohlen, der sich an den typisch farbenfrohen Karibikholzhäusern nicht sattsehen kann. La Romana verbindet die Vorzüge einer wohlhabenden Stadt mit den wildromantischen Vorstellungen, die man allgemein mit der Karibik verknüpft. Dank der Zuckerindustrie, die besonders von den Amerikanern exzessiv betrieben wird, entwickelte sich auch die Umgebung von La Romana im Zeichen des süßen Guts. Ein Blick ins Hinterland der Wirtschaftsmetropole lohnt sich zweifelsohne. In östlicher Richtung, ca. 10 km vor den Toren der Stadt, befindet sich auf einem etwa 30 km² großen Gelände die gut bewachte Casa de Campo. Sie ist eines der luxuriösesten Hotelressorts der gesamten Karibik. Für die verschwenderische Inneneinrichtung zeichnet der dominikanische Stardesigner und Couturier Oscar de la Renta verantwortlich. Freilich nennt dieser mindestens einen der Schlüssel zu einer der insgesamt 950 Villen sein Eigen – in guter Nachbarschaft zu internationalen

Stars wie Sharon Stone oder Julio Iglesias. Drei Golfplätze, ein Jachthafen, ein Polofeld, mehr als ein Dutzend Swimmingpools, ebenso viele Tennisplätze und ein Reitstall mit angeblich mehreren Hundert edlen Pferden zählen zu dem Promikomplex. Selbstredend gehören hier oben Privatstrände zum guten Ton des Jetset-

Ureinwohner Die ersten Bewohner dieser Region waren die Siboneys, die sich um 500 v. Chr. hier und auf weiteren Karibikinseln ansiedelten. Sie kamen aus dem heutigen Mexiko und Florida, waren jedoch kulturell weit weniger entwickelt als die Taínos, die dem Land als Erste einen überlieferten Namen gaben: Aíti – „bergiges Land" – tauften und es zumindest im Einzugsgebiet ihrer Siedlungen kultivierten. Die Taínos waren Nachkommen eines südamerikanischen Arawak-Stammes, der ebenfalls um 500 v. Chr. dem heutigen Festland Venezuelas in Booten den Rücken kehrte. Bevor diese Menschen die karibische Inselkette ansteuerten, siedelten sie jahrhundertelang an den Ufern des heute venezolanischen Orinoko. Dank ihrer robusten Kanus, in denen bis zu 50 Menschen Platz fanden, konnten sie nach und nach Land für sich und ihren Stamm gewinnen: erst Trinidad, dann die östlichen Antillen, schließlich Kuba, die Bahamas und eben Ayiti. Die Berichte früher europäischer Beobachter nennen einen Stamm als Erzfeinde der Taínos: die Kariben. Zwar waren die Taínos im Vergleich zu den wilden Kariben weitaus kultivierter, ihnen aber in kriegerischen Belangen haushoch unterlegen. Immer wieder soll es zu blutigen Auseinandersetzungen zwischen den Stämmen gekommen sein. Ein ums andere Mal sollen die Taínos vor den kriegerisch geschickten Kariben geflüchtet sein. Nahezu den Garaus machten den Taínos jedoch erst die europäischen Eroberer – und dies geschah Jahrhunderte später. Eine verheerende Pockenepidemie, die 1519 in dem Reservat wütete, in dem die neuen Herrscher alle Ureinwohner zusammengepfercht hielten, dezimierte die Zahl der Taínos auf ca. 3.000. Dabei präsentierten sich die Taínos, so viel ist sicher, keinesfalls als gastfeindliche Wilde. Als Kolumbus und seine Männer auf Hispaniola landeten, lebten dort bereits, in gut organisierten Gesellschaften und in Dörfern mit etwa tausend Einwohnern, die Taínos. Jedes Dorf hatte einen Stammeshäuptling, einen „Kaziken", der zugleich Medizinmann war.

Sprechs. Normalsterblichen sei daher ein Besuch eines Hügelplateaus in östlicher Richtung des Luxusghettos empfohlen. Ein amerikanisches Zuckerunternehmen ließ das berühmte Künstlerdorf Altos de Chavón für rund 40 Millionen US-Dollar im mediterranen Stil in die Karibikidylle pflanzen. Lohnenswert ist das Museo Arqueológico Regional. Die Ausstellung glänzt mit Original-Fundstücken aus der untergegangenen Welt der Taínos. Auch Boutiquen und Restaurants laden zum Shoppen und Speisen ein. Obacht jedoch: Die Preise hier oben im Dunstkreis der Schönen und Reichen sind dementsprechend hoch. Dass das Umland von La Romana im wunderschönen Osten der Insel zum Pflichtprogramm für jeden europäischen Besucher zählt, steht dennoch außer Frage. Neben den Traumstränden der Isla Saona, dem beschaulichen Bayahibe, dem Pilgerzentrum Higüey und den einzigartigen Ökosystemen der beiden Nationalparks ist La Romana ein touristisches Filetstück im Einzugsgebiet der „Kokosküste".

Malerische Kulisse: Sommerimpression im flirrenden Mittagslicht

Unterwasserwelten: *Nahe der Küste vor Punta Cana und Playa Bávaro liegen zahlreiche Schiffwracks und Galeonen aus der Zeit der Eroberer am Meeresgrund – Tauchtouren werden vor Ort von professionellen Anbietern organisiert. Ein Blick unter die Wasseroberfläche lohnt sich aber auch wegen der artenreichen Unterwassertier- und pflanzenwelt.*

Abenddämmern in Punta Cana: *Wenn es dunkel wird, leeren sich auch die Strände. Romantische Spaziergänge in trauter Zweisamkeit machen jetzt Lust. Abkühlung von den vielen Sonnenstunden versprechen die milden Passatwinde, die sachte durch die Palmenblätter streichen und für angenehm laue Nächte sorgen.*

La Altagracía ist eine Provinz, die ebenso kulturelle wie natürliche Vielfalt ihr Eigen nennt. Immer mehr Besucher fühlen sich von diesen Reizen angezogen.

Abenddämmern in Punta Cana, die Zweite: Abends weht hier eine Abkühlung versprechende Brise. Die Passatwinde sorgen so für angenehme Nächte im Urlaubsresort unter Palmen.

Sonnenuntergang im Südosten der Insel *– der Stoff, aus dem das Fernweh ist: Das bei Tage azurblaue Idyll der Ferieninsel zeigt sich, zu vorgerückter Stunde, von nicht minder prachtvoller Seite; hier in blutrotem Abendglühen. Ein wahres Traumland, von farbenkräftiger Intensität.*

Mangrovenzauber: *Im Nationalpark Los Haïtises bestimmt dichte Mangrovenvegetation das Landschaftsbild. Die über 40 Millionen Jahre alte Unterwasserwelt prägt dieses sensible Reservat. Hier wachsen und gedeihen zahllose weitere Pflanzen und leben etliche schützenswerte Tiere.*

Seite 108 Herrlicher Palmenstrand und bunte Hütten: *Das kleine Fischerdorf Bayahibe ist umsäumt von immergrüner Land-schaft, und auch die Küstenzüge sind von großer Klasse. Die Gegend gilt als hervorragendes Resort für Taucher und Schnorchler.*

Wenn die Sonne untergeht in Bayahibe, *dann ist ein geruhsamer Jahresurlaub garantiert.*

Laue Nächte, heißer Merengue: *Doch auch im vermeintlich verschlafenen Bayahibe geht die Post ab – im Spotlight der Feriendomizile.*

Das Amphitheater in Alto de Chavón dient einheimischen und ausländischen Stars als Spielstätte. Auf der vertieften Freilichtbühne sangen bereits Julio Iglesias und Frank Sinatra. Sehr zur Freude der begeisterten Zuschauer – rund 5000 Personen fasst die Kulturstätte im Zentrum des Künstlerdorfes.

Altos de Chavón: *Das urtümliche Künstlerdorf oberhalb des Flusses Chavón wurde im mediterranen Stil aus Steinquadern und Zie-geln erbaut. Die Gassen wurden mit Kopfsteinpflaster gesetzt, auf den Plätzen plätschern Brunnen, die Häuser sind mit Erkern und bunten Pflanzen verziert. Ein Besuch lohnt sich unbedingt!*

Shoppingmeile in Punta Cana: *Hier stöbern Urlaubsgäste nach hübschen Kleidern und Souvenirs für die Lieben zu Hause. Die Auswahl netter Mitbringsel fällt sicher nicht leicht – Kunst, Musik, Hochprozentiges oder lediglich ein paar schöne Steine und Muscheln vom Strand.*

Punta Cana bei Nacht: *Die Strandhotels dieser Region gelten völlig zu Recht als die schönsten des Landes. Besonders in dieser Region ist der Wille der Dominikanischen Republik spürbar, sich vom Billig-Image zu verabschieden. Im Osten des Landes sind die Ferienmacher mit ihrer Zielsetzung auf einem hervorragenden Weg, denn nirgends entstehen modernere Hotels als hier.*

Seite 122 *Im Osten der Insel: Strand mit Palmen und Sonnenliegen – unschlagbare Argumente für den Sommerurlaub*

Palmenkletterer bei der Arbeit: *Immer frisch, und nicht nur als Nachspeise in den Hotels schmackhaft, sind Früchte, die – wie hier – auf der Trauminsel sprichwörtlich in den Himmel wachsen. Ansonsten munden leckere Melonen, Ananas, Grapefruits, Orangen, Papayas, Mangos und Bananen zu jeder Tages- und Nachtzeit.*

La Romana: *In der freundlichen Zuckerstadt erwartet den Besucher lebendiges Markttreiben. Aufgrund der landschaftlich herrlichen Lage des Ortes hat sich die Industrie- und Hafenstadt längst auch zu einer bevorzugten Einkaufsmetropole bei den ausländischen Besuchern entwickelt.*

Kaffee und Co. – im Herzen der Inselrepublik

Hoch zu Ross geht es durch die Wasserwelten der Dominikanischen Republik.

Die Fahrt geht zurück gen Norden: auf der Carretera Duarte – der „Dominikanischen Route 66" und wichtigsten Nord-Süd-Achse des Landes – Von der Karibikküste hinauf an den Atlantik. Santo Domingo im Rücken, die Ausläufer der Cordillera Central zur Linken, wird das triste Örtchen Villa Altagracia passiert. Die stark frequentierte Überlandstraße zielt schnurstracks in die Provinzhauptstadt Bonao. Fiel früher selbst Kennern der Dominikanischen Republik beim Namen Bonao nur die ansässige Nickelmine ein, gilt inzwischen der Künstler Cándido Bidó als Hauptattraktion in der für Kunst und Kultur werbenden Stadt. Der dominikanische Maler hat seine Werke schon in der ganzen Welt ausgestellt und verkauft; seine Motive, vorwiegend Frauen und Tauben, werden auf dem globalen Kunstmarkt hoch gehandelt. In Bonao hat Bidó sich niedergelassen und eine Schule für die Schönen Künste eingerichtet. Besonders die Keramiken und Töpferwaren seiner Schüler werden hier entlang der „Autopista Duarte" feilgeboten.

NATURGEWALT IM HINTERLAND – DIE NATIONALPARKS ARMANDO BERMÚDEZ UND JOSÉ DEL CARMEN RAMÍREZ

Über 30 Nationalparks und Reservate zählt die Dominikanische Republik. Zwei davon entstanden in den fünfziger Jahren inmitten der Cordillera Central. In das südliche Reservat, den Parque Nacional José del Carmen Ramírez, kommt in allererster Linie, wer organisierte Fluss- und Trekkingtouren unternehmen möchte. Im Einzugsbereich beider Schutzgebiete verlaufen mehr als zehn Flüsse, und nirgendwo sonst in der Dominikanischen Republik gibt es größere Wasserressourcen. Alle wichtigen Ströme, die dem pittoresken San-Juan-Tal Fruchtbarkeit verleihen, entspringen hier. Mehr als 5.000 Hektar Land bewässern die Flusssysteme der

Cordillera Central. Und im nördlichen der beiden Reservate, dem Parque Nacional Armando Bermúdez, mag man hier wie da nicht glauben, in der Karibik zu weilen. Immer dann etwa, wenn der Raureif in der Morgenröte auf den Pflanzen schimmert und das Landschaftsbild an den heimischen Schwarzwald erinnert. Die Hänge fallen hier äußerst steil ab und sind von Pinienwäldern bewachsen. Individualreisende organisieren sich im beschaulichen Bergdörfchen La Ciénaga zu kleinen Gruppen, um von dort aus die erfurchtsgebietende Gebirgswelt zu erkunden. Nirgends schneller als in La Ciénaga lernt man professionelle Reiseführer kennen. Und es winkt der Erlaubnisschein zur Trekkingtour. Doch Vorsicht: Die Temperaturen fallen nachts – und besonders im Winter – deutlich unter den Gefrierpunkt. Passende Kleidung ist unbedingt erforderlich.

PICO DUARTE – RIESE DER KARIBIK

Inmitten der Cordillera Central erhebt sich der höchste Berg der Karibik: Der Pico Duarte. Mit seinem Gipfel stellt er seine an der Dreitausendermarke kratzenden Brüder namens La Pelona, Loma La Rucilla und Yaque in den Schatten. Ein Aufstieg ist beschwerlich; bis Mitte des letzten Jahrhunderts wagte niemand, den Pico Duarte zu besteigen. Heute führen gleich mehrere Wege hinauf zur Gipfelskulptur. Doch Vorsicht: Selbst erfahrene Bergwanderer nennen „El Duarte" eine echte Herausforderung. Von dem kleinen Dörfchen La Ciénaga erstürmt sich die Bergspitze am schnellsten, hier finden sich – wie erwähnt – auch die Trekkingteams zusammen. Zu Beginn der Bergwanderung führt ein schmaler Pfad entlang dem Fluss Los Tablones. Auf den ersten vier (von insgesamt rund 25) Kilometern wandert man durch wildromantisches Grün: Tropische Laubwälder, wildes Zuckerrohr und Königspalmen säumen den Weg. Bald schon wird der Pfad um einiges steiler und führt vorbei an Mandelbäumen, Palmen und Farnteppichen. Es geht hinein in einen Pinienhain. Ganz in der Nähe bietet eine Aussichtsplattform einen wunderbaren Blick hinunter ins Tal nach La Ciénaga. Auf einem Bergrücken geht es beschwerlich weiter, tief hinein in ein himmelreichähnliches Hochtal namens Valle Tetero. Von nun an wird es wirklich ernst – weil mächtig steil. Eine Rast in der letzten Hütte vor dem Gipfel, der La Compartición, empfiehlt sich also sehr. Am nächsten Morgen schließlich stehen die letzten

Outdoor Unbedingt empfehlenswert ist ein Aufenthalt in dem international bekannten Outdoor-Mekka Jarabacoa inmitten des Inselstaates. Nicht nur Liebhaber aufregender Wildwasserfahrten und begeisterte Mountainbiker sollten sich ein paar Tage gönnen, um hier, an den Ufern des wilden Río Yaque del Norte, ordentlich Adrenalin auszustoßen. Besonders beliebt sind auch die waghalsigen Ausflüge in einem der Hochseilgärten. Hier gilt jedoch: Schwindelfrei sollte man sein. Reiten, Wandern, Canyoning und Gleitschirmfliegen – die Freizeitpalette ist ungewöhnlich groß. Aber auch wer einfach nur in Ruhe einmal durchatmen will: Es lohnt sich so oder so, nach Jarabacoa zu kommen, in das sportive Freizeitzentrum mitten im atemberaubenden Einzugsgebiet des mächtigen Pico Duarte. Überhaupt: Die gesamte Dominikanische Republik wartet mit einem enormen Angebot für sportbegeisterte Urlauber auf. Ob Windsurfen, Wellenreiten oder Kite-Surfen – auch an den Küsten, dort also, wo die Touristenzentren stehen, gibt es massig Möglichkeiten, sich aktiv am karibischen Leben zu erfreuen. Und an den Touristenstränden gibt es überdies fast überall die Möglichkeit, Wasserski zu fahren, kleine Jollen zu mieten oder sich für einen echten Hochseesegeltörn anzumelden.

Küche Die dominikanische Küche, die *comida criolla*, hat viele Wurzeln: Sowohl die spanischen Kolonialherren als auch spätere Zuwanderer aus anderen Ländern und gar der Tourismus haben kulinarische Eindrücke hinterlassen. Längst nicht mehr nur in den Ferienanlagen wird die kreolische Küche von Fremden gegessen. Auch dort, wo die Einheimischen selbst essen, lohnt es sich zu kosten. Die Speisekarte eines *restaurante criollo* führt die typischen Fleischgerichte mit Bohnen und Reis. Preisgünstiger und volksnäher geht es in den *comedores* zu Tisch. Diese einfachen Lokale finden sich an jeder Straßenecke. Auf eine Speisekarte wird hier zumeist verzichtet, die Gerichte sind direkt hinter Glas in einer Theke ausgestellt. Einfach nur drauftippen – das Essen kommt sofort, und man weiß, was man kriegt. Bei Überlandfahrten wird der Hunger in *paradas* gestillt. Vom Prinzip her mit den *comedores* vergleichbar, sind sie größer und vielleicht auch etwas unpersönlicher, da sie – ganz nach europäischem Raststätten-Prinzip – entlang der wichtigsten Hauptverkehrsstraßen auf hungrige Mägen warten. An den Haltestellen der rege verkehrenden Überlandbusse bieten überdies Einheimische kleine Leckereien feil, die sie den Reisenden zu günstigen Preisen verkaufen. Die kreolische Küche kennt denn auch mehr als nur Bohnen und Reis: Das typische dominikanische Frühstück etwa besteht aus Sandwiches, Früchten und gebratenen Eiern. Zu den dominikanischen Hauptspeisen zählt *locrio*, eine besondere Form der Paella. Das Eintopfgericht *sancocho* wird entweder mit Huhn (*pollo*) oder mit verschiedenen Fleischsorten (*prieto*) zubereitet. Zutaten wie Mais, Kürbis und Kochbananen, Maniok- und Jamswurzeln wechseln, je nach Region und Koch. Beliebteste Speise auf der Insel ist die *bandera dominicana* – die „dominikanische Flagge": Gebratenes Fleisch, Bohnen und Reis sind dann doch die Leibspeise der Einwohner. Regionale Spezialitäten, wie *chivo guisado* (Ziegenfleisch) oder das köstliche *pescado con coco* (Fisch in Kokoscreme), probiert man unbedingt auf Reisen. Auch einige Leibspeisen der Indianer gibt es bis heute: Von den Taínos übernommen wurde das Rezept für *casabe*, ein auf Steinplatten ausgebackenes Fladenbrot aus Maniokmehl. Die *janikekes*, in Öl frittierte Pfannkuchen, gehen auf den Stamm der Cocolos zurück – Cocolos wurden die Einwanderer von den englischsprachigen Inseln genannt.

700 Höhenmeter an. Immer lichter wird der Baumbestand im Morgengrauen. Endlich geht es – über massives Felsgestein – hinauf zum Gipfel. Jetzt ist die Bronzebüste des Nationalheiligen Pablo Duarte in greifbare Nähe gerückt. Bei klarer Sicht entschädigt ein einzigartig grandioser Blick für alle Strapazen: Das Auge schweift zum Lago Enriquillo im Westen und weiter hinunter zur azurblauen Karibik. Ringsherum erheben sich die steinernen Brüder des Pico Duarte. In nördlicher Richtung fällt der Blick in die fruchtbaren Schöße des legendären Cibao-Tals, der letzten Etappe unserer Bilderbuchreise.

JARABACOA – OUTDOOR-MEKKA
DER DOMINIKANISCHEN REPUBLIK

Zurück geht es auf staubigen Straßen, entlang dem sagenhaften Río Yaque del Norte, nach Jarabacoa, dem Outdoor-Mekka der karibischen Inselrepublik. Während in Cabarete jedes Surferherz höher schlägt, kommen in Jarabacoa besonders Wildwasserfreunde voll auf ihre Kosten. Die Raftings in Gummibooten starten in der Regel in Jarabacoa und führen über die Stromschnellen des Río Yaque del Norte. Jarabacoa bietet Adrenalinjunkies zwei weitere Spektakel von besonderer Güte: Cascading, das Abseilen von einem Wasserfall, und Canyoning als ein weiteres nasses Vergnügen, nämlich einen angeseilten Sprung von einer hohen Schluchtwand. Auch dem Städtchen selbst sollte Aufmerksamkeit entgegengebracht werden. Malerisch in einem Tal der „Dominikanischen Alpen" gelegen, bietet der 50.000-Seelen-Ort seinen Gästen – neben all den Wassersportangeboten wie Rafting- und Kajaktouren – auch Gelegenheit zum Müßiggang. Denn selbstverständlich hält das Outdoor-Zentrum der Dominikanischen Republik für seine Gäste aus Übersee auch Sinnesfreuden fern von Thrill und Abenteuer bereit.

SALTO DE JIMENOA – ZWEI WASSERFÄLLE
ZUM VERLIEBEN

Lautstark ergießen sich die Ströme des Río Yaque del Norte über karstige Felsen, und dies keine zehn Kilometer vor den Toren Jarabacoas. Zwei beeindruckende, in der Hauptsaison stark besuchte Wasserfälle sind von einem Parkplatz über einen Pfad samt urigen

Hängebrücken in rund zehn Minuten zu Fuß zu erreichen: der Salto de Jimenoa II und der Salto de Jimenoa I. Zu Letzterem geht es steil bergan und mitten durch den Regenwald. Es lohnt sich. Die Chancen, ungestörter als am unteren Wasserfall zu sein, stehen gut.

CIBAO-TAL – DIE KORNKAMMER DER INSELREPUBLIK

Entlang der Carretera Duarte bieten sich dem Auge des Betrachters ein ums andere Mal wunderbare Naturkulissen – und ausgedehnte Plantagen: Reis, Bananen und Tabak säumen hier die Autopista Duarte, die das Cibao-Tal so sanft durchschneidet. Im fruchtbaren Cibao-Tal vermitteln Kaffeesträucher und Kakaobäume den Duft der Exotik. Doch Obacht vor Ablenkung durch Sinnesräusche – gerade im Straßenverkehr. Denn gänzlich ohne Sinn für die Schönheit ihrer Heimat heizen unerschrockene Trucker ihre schwer beladenen Laster über den Asphalt; voll beladen mit Zuckerrohr oder Südfrüchten nehmen sie Kurs auf die Wirtschaftsmetropole dieser Region: Santiago de los Caballeros.

Plantagen Plantagen, wie es sie besonders im tropischen Raum gibt, sind landwirtschaftliche Großbetriebe, die auf die Erzeugung eines einzigen Produktes („Monokultur") für den Weltmarkt spezialisiert sind. Wichtige agrarwirtschaftliche Exportgüter, die aus der Dominikanischen Republik stammen, sind: Bananen, Kaffee, Kakao und Tabak – allesamt mehrjährige Pflanzen oder Dauerkulturen. Aber auch einjährige Pflanzen werden weiterhin extensiv angebaut, insbesondere Zuckerrohr. Mit den europäischen Kolonialreichen erlebten die Plantagen im 19. Jahrhundert ihre größte Ausbreitung. Eigentümer der Großgrundbesitze waren freilich nur in wenigen Fällen Einheimische. Ausländische Kapitalgesellschaften, die den Betrieb durch Verwalter regeln ließen, standen den global prosperierenden Wirtschaftsunternehmen vor. Bis weit in das 19. Jahrhundert hinein standen die Plantagenarbeiter, anders als die am oberen Ende der Gesellschaftsschicht rangierenden Eigentümer, sozial ganz unten und waren Sklaven. Dazu wurden auch die Eingeborenen degradiert, die auf den Zuckerrohrplantagen unter unmenschlichen Bedingungen placken mussten – und dies tausendfach nicht überlebten. Heute sind die Plantagen der Karibik häufig wichtige Produzenten für nachwachsende Rohstoffe auf dem Weltmarkt; in Zeiten der Globalisierung haben Werte wie Ethik und Moral endlich an Gewicht gewonnen: Im Zeichen des Fairen Handels erhalten die Produzenten vor Ort für ihre Plantagenprodukte faire Preise, unabhängig von den Weltmarktpreisen. Im Gegenzug sind die Besitzer angehalten, strenge Auflagen zu erfüllen, etwa was die Arbeitsbedingungen auf den Feldern betrifft. Ein willkommener Zweiklang: Das Prinzip des Fairen Handels will dem weltumspannenden Kapitalismus ein humanes Antlitz verleihen, andererseits soll so für die Plantagenarbeiter ein Mindestmaß an Existenzsicherheit gewährleistet werden. Ökologische Standards werden festgeschrieben, um auf den Plantagen dem Problem der Bodendegradierung (exzessives Auslaugen der Böden) Einhalt zu gebieten.

Salto De Jimenoa: *Nahe dem über die Landesgrenzen hinaus bekannten Outdoor-Mekka Jarabacoa donnern die beiden Jimenoa-Wasserfälle in die Tiefe. Touristen kommen in diese Region, um Raftings oder Mountainbike-Touren zu unternehmen. Beim Wandern im Umland lässt es sich auch wunderbar entspannen.*

Bei der Bananenernte packen auch die Kleinsten mit an. Die auf dem Weltmarkt begehrte Südfrucht wächst und gedeiht in dem tropischen Inselklima prima. Um sie aus den Plantagen zu bringen, hilft das Pferd – in entlegenen Landstrichen der Insel ist es bis heute Fortbewegungsmittel Nummer eins.

Bergiges Hinterland: Urwüchsigkeit und Abgeschiedenheit prägen das Alltagsbild in dieser Region.

Das Städtchen Moca war einst ein wichtiger Umschlagplatz für die kostbaren Güter, die im Cibao-Tal angebaut werden. Heute zählt der lebendige und gern besuchte Ort rund 50.000 Einwohner und ist Hauptstadt der Provinz Espaillat. Am Ortsausgang erinnert eine ausrangierte Lokomotive an alte Tage.

Seite 144 Schau ins Land in der Zentralkordillere: Das größte der fünf vulkanischen Gebirge ist die Cordillera Central. Sie beherrscht das Landesinnere der Dominikanischen Republik.

Bunte Bildergalerie in Sosúa: *Am Tage lockt die Souvenirstraße des quirligen Touristenortes, in dem nach Sonnenuntergang das Nachtleben pulsiert. Das unnachahmliche Flair des 12.000-Seelen-Ortes lockt Einheimische wie Besucher an. Besonders an den Wochenenden ist viel los.*

Schmackhafte Tropenfrüchte in Hülle und Fülle, auf einem regionalen Markt angeboten. Die Köstlichkeiten überzeugen in ihrer Vielfalt wie in ihrer Frische. Jedes noch so kleine Dorf hat Händler, die ihre Waren täglich verkaufen, und so muss auch der Besucher niemals auf die Köstlichkeiten verzichten.

Wahrhaftiges Gefühl von Exotik: Das Robinson-Crusoe-Flair der Dominikanischen Republik lässt sich in allen Himmelsrichtungen auf der Karibikinsel spüren; dominikanische Lebensart, von der ein Besucher gerne einen Vorrat mit nach Hause nehmen. Sei es in Form von Tabakwaren oder in Flaschenform abgefüllt und hochprozentig.

Adios Amigos: *Die Freundlichkeit und Hilfsbereitschaft der Dominikaner wird jedem Besucher in Erinnerung bleiben.*

Seite 158 *Sonne, Meer und Palmenstrand – Fernweh inklusive!*

Zigarrenmanufaktur: *Bei der Verarbeitung und beim Zigarrendrehen kann man in Santiago auch als Besucher zusehen. Das Museo del Tabaco zog erst vor wenigen Jahren um, und der Kauf eines Kistchens mit den würzigen Braunen wird dort quasi vorausgesetzt.*

Bildquellen: